# あなた自身がパワースポットになる方法

自然界の高波動＝レイキでエネルギーをチャージする

元の氣塾・代表
岩崎順子
Junko Iwasaki

文芸社

# はじめに

日常生活の様々なストレスで肉体的にも精神的にも疲れている時、エネルギーを手軽にチャージしたいと思っている方も多いと思います。ゆっくりお風呂に浸かったり、好きな音楽を聴いたり、マッサージに行ったり……たまにまとまった休みが取れたら温泉旅行をしたり、中には良い氣が流れているパワースポットと呼ばれる場所に行く方もいるかもしれません。みな、気持ちのいい場所へ旅行することで、日常で枯渇したエネルギーを充電して元気になろうとしているのですね。

それでは、わざわざ遠くに行かなくても、自分自身がパワースポットのようになれたらどんなに便利でしょう？　いつでもどこでも、自然の氣を取り込み、パワースポットのようなエネルギーに満ち溢れて、自分を癒すだけではなく、周囲の人々にも分け与えるような存在になれたら、こんなにいいことはありませんね？

**あなた自身がパワースポットになる――自然や大気の中に満ちている目に見えない崇高なエネルギーの呼び方を昔の日本語ではレイキと言いました……。その「レイキ」というエネルギーを取り込むことで、そんな奇跡が可能になるのです。**

現在、書店に行けばレイキというタイトルのついた本はすでにたくさん出ています。しかし、レイキという言葉自体を初めて目にする方も多いのではないでしょうか？　またすでに知っている方でも使い方や効果などは理解しても、どのようにレイキによって自分が変化できるのか？　その変化によって、どうやって自分も、周囲の人も幸せにすることができるのか？そんな根本的なところが、実はわかるようでわからない、ということがあるのではないでしょうか？

私がレイキを知り、レイキを始めてから十七年の月日が経ちました。恵まれた家庭環境も、お金も、学歴もなく、人生ハンディキャップだらけだった私ですが、レイキを通してエネルギーに満たされ、運命を転換することができました。レイキは癒しのためだけにあるのではありません。**人生のステージを加速させるツール**でもあるのです。

この本を読んでいただいた方々がレイキという存在をより深く知り、私たちを包み込むように存在する自然界のエネルギーに満たされることで、それぞれが喜びに満ちた人生のステージに到達することを祈っています。

平成二十七年初秋　岩崎順子

もくじ

## 第2章　〝人生八方塞がり〟だった私がレイキ師範になるまで　37

## 第3章　レイキの回路が開く原理・伝わる原理　63

## 第6章　レイキセラピストになる道

# 第1章　パワースポット＝レイキ

「レイキ」とは何でしょうか？　レイキというものを聞いたことがある方も、まったく知らない方にも、その正体をシンプルに説明します。レイキとは、実は自然界のエネルギーのこと。日本人ならパワースポットなどで誰でも感じることができる「ここ、気持ちいいね」という氣のことです。自分自身がパワースポットになる方法こそがレイキとつながる方法なのです。

## 自然界のエネルギーこそがレイキの正体

パワースポットと呼ばれる場所に行ったことがあるでしょうか？

高野山や伊勢神宮のような有名な聖地でなくとも、山や川、海、神社……自然のエネルギーに満ちた心地のよい場所には行ったことがあるかもしれません。そこでは、「とても心地いいな」「元気になった」と感じることでしょう。それは知らず知らず、目に見えない「氣」を感じて、心身がリフレッシュしているからです。

レイキは漢字で「霊氣」と書きます。怪しく見えるかもしれませんが、「霊」＝「霊験あらたかな」「聖なる」「目に見えない」といった意味で、幽霊やお化けとはまったく関係ありません。「氣」というのはエネルギーですね。ですから、霊氣というのはパワースポットで感じるエネルギーの昔の表現なのです。

レイキ療法とは、日本発祥の手当て療法のことです。それが海外で広まり、一九九〇年頃逆輸入という形で日本に入ってきてブームになったのが、今のカタカナ言葉のレイキというものなのです。

こんな説明をされても、レイキとは何かよくわかりませんよね？　それではレイキの正体はいったい、何なのでしょうか？

レイキに関する本を読むと大抵は「レイキ＝宇宙のエネルギー」という表現がされています。それは海外で広まった時に「宇宙」という言葉に違和感がなかったからです。キリスト教圏では、宇宙の創造主が神であり、神は一人だという世界観ですから、「宇宙エネルギー」という概念が受け入れられたのです。けれども、日本でレイキを広めるにあたっては、「宇宙エネルギー」というのはスピリチュアルな業界内部ではともかく、一般の人には「えっ？　宇宙？　宗教？」という捉え方をされてしまうと思います。

私は日本人ですから、「宇宙」というよりも、「自然」が神様という日本古来の教え、神道の感覚を身近に感じます。また、自分の体感からも、どちらかというとレイキは宇宙エネルギーというより、自然界のエネルギーだと感じています。

日本人には神仏を敬う気持ちがありますし、「自然の中に神様がいる」という感覚は誰もが持っていると思います。神社にもお参りに行きますし、自然のエネルギーを前にして、手を合わせ、みな、謙虚に頭を下げているのです。それどころか、クリスマスもお祝いしますし、最近ではハロウィンまで一般的な行事となりました。元々、自分を超えた世界やエネルギーというものに対しての感性をしっかりと持っているのが日本人なのです。

神社に行けば「ここ、いい気が流れているね」などとみな、普通に話していますね。パワースポットも大好きです。神木に手をかざして、「手がびりびりする」と普通に口にしています。風水も生活の中に違和感なく取り入れています。

みな、本当は「いいエネルギー」とつながりたいし、取り入れたい。日常からその目に見えないエネルギーを感じて生きていて、「ここ、気持ちいい」などと言葉にしている。そのエネルギーに満ちていることを昔の言語では「霊氣」と呼んだのです。

高野山のような聖地でも、霊氣に満ちている場所＝神聖な場所という言い方をしていると聞きました。私のレイキの受講生の中には僧侶の方もいらっしゃるのですが、高野山の高僧の方々は、日常で霊氣という言葉を使っているそうです。

「レイキという枠組みと真言密教はまったく別々ということではなく、日本人なら誰でも感じる自然への感謝の念や、氣を感じる力という意味では一つのものなんです」とその僧侶の方はおっしゃっていました。

空海の真言密教では、〝森羅万象は一体〟という教えがあります。だからこそ山伏のように自然の中で修行して、自然のエネルギーの中で悟りを目指すような行法が行われていたのでしょう。レイキは仏教の考えとも近いところがあるようです。

つまり、レイキというのは、パワースポットに満ちたエネルギーのことです。こんなふうな言い方をすれば、一般の人にも抵抗なく受け入れられ、感覚的に納得もしてくれるのではないでしょうか？

## パワースポット＝レイキ

これなら「宇宙エネルギー」よりも社会に浸透する表現になりますね。まずはレイキという言葉への固定観念を取り払いましょう。こんなふうに説明すれば「ああ、パワースポットってレイキなんだ」と多くの人がわかってくれることでしょう。

「そうです、誰もが感じるいい氣のことです」と私はいつも続けて説明しています。「レイキは、そのエネルギーに波長を合わせて、どこでも誰でも自然界の氣を取り入れて流す、技術のことなんです」

そう、**レイキは自然界のエネルギーのことです。**レイキというのは教義ではなく、氣そのものですから、どんな宗教にも、どんな人にも感じられる普遍性があるのです。

## パワースポットに行って疲れてしまう理由

それでは、パワースポットに行けばレイキはチャージされるのでしょうか?

例えば、休日に遠出をして伊勢神宮に行ったとします。確かに、そこには素晴らしい氣が流れています。

「ああ、いい気を感じる」

「気持ちいいね」

と誰もが感じることができるでしょう。とても良い気分になれること間違いなしです。ところがエネルギーチャージをしても、遠方まで出かけたため、家に帰るとエネルギーがなくなってしまい、疲れきっていたりするものですね。その場だけ気持ち良くても、パワースポットに行って疲れてしまう、という矛盾はよくあることと思います。

パワースポットには、今、もう一つの問題点があります。雑誌やテレビで取り上げられ、パワースポットブームということもあって、多くの人が休日に有名な聖地に押しかけています。そのため、残念なことにその場の素晴らしいエネルギーがよどんでしまうのです。どうしてかというと、日常で疲れきり、悩みや苦しみやストレスを抱えた人が、一度に集中するわけです。平日には厳かなものが満ちている場所でも、人のエネルギーによってレイキそのもの自体が乱されてしまいます。そのために、多くの人が本当の意味でパワーチャージして帰ることができないのです。

本当に良い氣に触れて満たされれば、家に帰ってからでもしばらく満たされているはずなのですが、満員の電車に乗ってぐったりし、帰ってから「疲れたー」とつぶやくということは、全然エネルギーを充電できていないということです。充電できていないということは、元気になれていないということなのです。

パワースポットに行くと、「パワースポットに行ったぞ」という気分だけは持ち帰っています。それは自己啓発セミナーでも、そうした本を読むのでも、同じです。気分だけはみな手に入れることができます。思考だけは手に入れて、変わったように感じても、心と体はあまりチャージされていないのです。

休みの日に何がしたいかと聞かれたら、「ストレス発散で海に行きたい」とか、「山に行きたい」とか、「旅行に行きたい」とか、大抵の人は口にしますね。それは氣が枯渇している状態にあるからです。無意識や体感の部分でエネルギーをチャージしたいとわかっているから口に出てくるのです。

結局、**「元《もと》の氣＝元氣」**ではないからこそ、チャージしたいのです。「たくさん寝たい」というのもそうだし、「お風呂にゆっくり浸かりたい」も同じです。みな無意識に自分の氣の枯渇を口にしているのです。本当は、私たちは目に見えないエネルギーが自分を生かしているということをわかっているのですね。ただ目に見えないから、信じることができなくなってしまったのです。

パワースポットに行くなら平日や早朝など、人がいない時間帯がお勧めです。人の欲望や念のエネルギーによって乱されていないほうが、その場の良いレイキを感じやすいのです。

## 人は「良い氣」ではなく、「強い氣」に共鳴してしまう

エネルギーは常に一定しているわけではなく、独特な波の動きがあります。エネルギーと言っても目に見えないのでわかりにくいかもしれません。

例えば朝起きて「気持ちいい、テンションマックス！」という日でも、「遅刻しそう」「今日、テストだな」と気付くと落ち込んだりします。すごく疲れている時、腹が立つ時、幸福感がある時——人の心のエネルギーは常に、波の状態を描いています。何もないということは、棒線一本になった心電図のように死を表します。動いているということは生きているということです。波動が波長と重なり合うことを波動共鳴とか、類は友を呼ぶとか、引き寄せの法則などと言います。エネルギーが共鳴して、影響を互いに受け合うということです。

ここで注意しなくてはならないことは、私たちは自分より強い波動に共鳴しやすいということです。「良い波動」ではなく「強い波動」です。これがポイントです。

例えばパワースポットに行って、「この大木からいい気が出ている感じがするね」とか、「この場所、静かで気持ちいい」と感じていても、横に騒がしい人たちがいたらすぐにその氣は消え去り、その騒がしい人たちの波動に影響されてしまうのです。氣を取られ、あげくは「うる

さいなぁ」「不愉快だなぁ」となってしまいます。

私たちは日常でどんなに良いエネルギー状態を整えていても、強いエネルギーの影響から逃れることは難しいものです。

機嫌よく会社に行っても、隣の人の機嫌が悪ければこちらも引きずられてしまうということはよくあると思います。逆に落ち込んでいるところに、ものすごく元気な人がいたら、自分を引っ張りあげてくれるというパターンもあるでしょう。けれども、日常生活においては大抵、ネガティブな強いエネルギーに引っ張られてしまうケースが圧倒的に多いと思います。

ネガティブなエネルギーというのはパワーがあるのです。破壊力があって、強力な影響を他者に与えてしまいます。だから人はネガティブな氣に非常に共鳴しやすいのです。どうしてこの原理を理解しなくてはならないかというと、実は、自分からネガティブなエネルギーに共鳴していっている人がほとんどだからです。

例えば、テレビをつけて、ニュース番組を見るとします。テロとか犯罪の事件をやっていますね。それで嫌な気持ちになるし、怒りも持つかもしれません。それでは嫌な氣を受けたらどうすればいいかというと、「これ、嫌だな」と思ったらチャンネルを変えればいいわけです。

**つまり、まず何ができるかというと、嫌な氣を避けるということです。**

元氣 ▶ 元《もと》のエネルギー

エネルギー ▶ 波　動

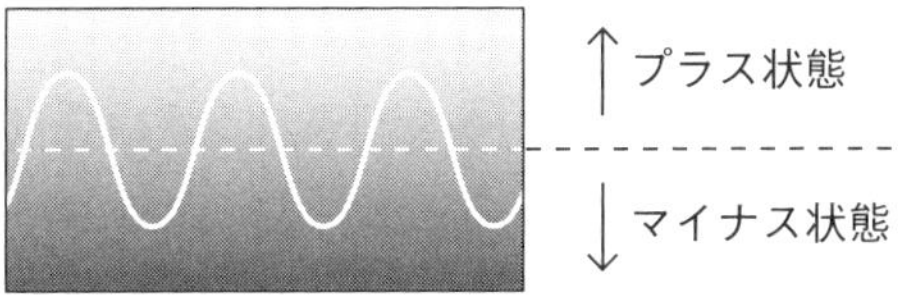


○波動共鳴とは、波動・波長が重なり合うこと（影響を受けること）

○我々は、自分より**強い波動**に共鳴しやすい

### あなたは何に共鳴しているのか？

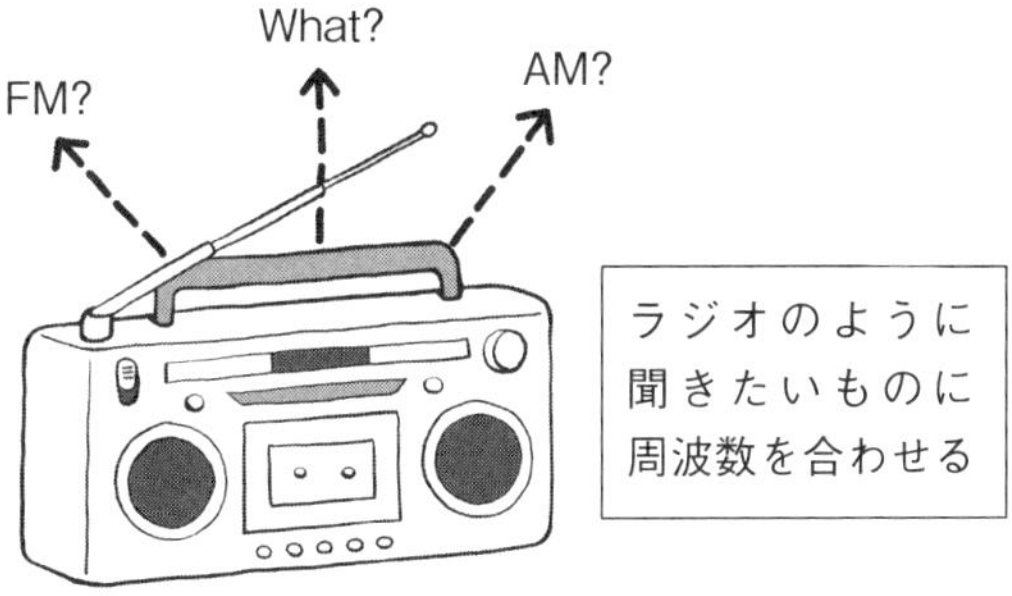


ラジオ

⇩

受信されたものを受け取る

例えば、嫌な上司がいたとしたら、極力近づかないようにしたり、回避するということはできます。戦うと、もっと引っ張られます。

　わざわざ嫌なところに共鳴していくことはないのです。悩み相談をしてくる人もいるかもしれませんが、あなたが本当に元氣でない時は、それに必要以上に付

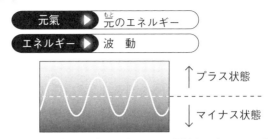

き合う必要もありません。下手をすると、その元氣がない人に引っ張られてしまうことになります。

日本人は和の民族ですから、どうしても気遣いを第一に考えます。けれども、時には「ノー」と言う勇気も必要なんですね。なぜなら、本当にあなた自身が元氣でないと、人助けはできないからです。どんどん自分の氣が枯渇して、病んだ気の持ち主になってしまったら、今度はあなた自身が周りに悪い影響を与えてしまう側になってしまいます。

だからこそ「元氣＝元の氣」を最初に整えることが大事なのです。この氣の原理はレイキを習う方々に、まず前提として伝えています。

## 日本人は、誰でも「氣」を感じて表現している

日本語（漢字）には「気」のつく言葉が大変多いことに気付かれたことはあるでしょうか？（昔の漢字「氣」は光〈エネルギー〉が四方八方に広がるという意味でした）

**「元気」・・・挨拶でよく使いますね。元の氣整っていますか？　という意味です。**

**「病気」・・・氣が枯渇し、病んだ状態です。**
**「天気」・・・天のそのままのエネルギーの状態のことです。**
**「運気」・・・氣をどう運ぶか。エネルギーの使い方です。**

他にも、「陽気」「陰気」「勇気」「短気」等々……。私たちは無意識に「氣」を感じて表現しているのです。

レイキを教えていると、受講者の方からよくこんな感想をもらいます。

「いやー、何かふわふわ感じますけど、気のせいですよね？」

「氣のせいですよ」と私は笑って答えます。

そう、否定の意味で使っていますが、実は「気のせい」ということはまさに「氣」を感じている状態です。

「気持ちいい」「気持ち悪い」……すべて目に見えない「氣」を感じて表現しているのです。気付いていないかもしれませんが、日頃話している言葉で「氣」をみな使っているのです。つまり、みな「氣」を感じているのですね。

実は、「氣」を表現した言葉は英語にはほとんどありません。「元気」は「バイタルエナジー」のような言葉になってしまいます。言語の構造もありますが、言葉の根っこにある一つの「氣」という統一の表現は存在しないのです。

元々日本は海と山、水に恵まれ、四季があって、旬がある自然に恵まれた土地です。つまり、パワースポットにあるような氣を日常で感じることのできる恵まれた国なのです。寒季が長く続く大陸や、砂漠地帯では氣を感じにくいので、この世の上にいる神様――キリスト教やイスラム教などの一神教が生まれました。天上の神は肌で感じることができないので、信じるしかないのです。そこで信仰と不信仰といった個人的問題が生まれ、他の神様との対立という宗教戦争の問題も生まれました。

「信じる者は救われる」というのは一神教の世界観ですね。私たちは、神が近くにいると感じられる土地に住んできたので、良くも悪くもこのような深刻な問題に直面することがなかったのです。信じるのではなく、感じることができたのですから。つまり、日本から自然界のエネルギーを感じ、取り込んで流すレイキが生まれたのはごく自然なことなのです。私のレイキの講座を受講していただいた真言宗安養寺住職の井上寛照さんは、こんなことをおっしゃっていました。

「多分レイキも日本じゃないと生まれなかったと思うんですよ。例えば、仏教の中でもチベット仏教があります。教えとしては、真言宗の真言密教とダライ・ラマのチベット密教とは、元は一緒で兄弟みたいな教えなので、共通点もものすごく多いんです。けれども、向こうの修行の方法の中にヨーガを使った瞑想があるんですが、自然との一体感を感じるという発想はないんです。理屈としては大宇宙との一体感と言うんですよ。言うんですけれども、大自然との一体感を感じるようなレイキ的な感覚は、修行ではちょっとないんですね」

「日本仏教というのは、本当に自然との一体感、自然の山の中で行をして、空海もそうですし、その前の修験道の祖である行者さんも山の中で修行していたんです。多分臼井さん（臼井式レイキの創始者）も大自然の中で悟られたんだと思いますよ。だから、やっぱり日本独特の恵まれた自然環境があるからレイキは生まれたのではないでしょうか」

日本は八百万神《やおよろずのかみ》がいる土地です。水や木や岩など自然界の氣を神格化して、感謝しながら私たちは生きてきました。

レイキを始めてから、私は日本の良さや、日本人であることの素晴らしさを再認識するようになりました。海外にレイキの講習に行くことも多いのですが、その度に日本の良さを感じることができるのです。もちろん、外国にはその国なりの素晴らしいところもたくさんあるのですが、日本のいいところがより良く見えてくるのですね。それはやはり自然に対する感謝の念や、気遣いの心に満ちた美しい土地だということです。現代人は、そうしたものを忘れがちかもしれませんが、まだまだ私たちの中には日本人の美質が十分に生きていると感じます。

レイキとは自然界に満ちた良い氣のこと――そんなふうにレイキを身近にあるものとして感じ、自分の中にシンプルに取り入れて、元氣になってバランスを取りましょう。

**レイキを生活に取り入れることで、あなた自身がいつでもどこでも、パワースポットになることができるのです。**

あなた自身が元氣になることで、人を癒し、元氣を与えるパワーを持つ人間になれる。レイキはそんな素敵な可能性に満ちた万能のツールなのです。

## 自分のエネルギーを自覚するだけで引き寄せの法則は実現する

引き寄せの法則と言われるものがあります。これは自分が発している目に見えないエネルギー――意識もエネルギーです――が引き寄せたいものに向かって働いている時に起こる共鳴現象です。

例えば、「いい歯医者さんいないかなぁ」と思っているとしたら、どこかでアンテナがそこにいっているから、歯医者さんの情報が目に付くようになったり、その業界に詳しい人と出会ったりするようになります。ところが、そんなふうに思っていない時や、エネルギーを発信していない時は、同じ情報に出合っても、スルーしているから気付かないのです。あなた自身から発した波動が共鳴し、現実世界と重なっていくのが引き寄せの法則です。

実は、引き寄せの法則というのはあなたが欲しいものを必死に引き寄せてたぐり寄せているのではありません。あなたが何を発しているかを意識するだけで、それは当然引き寄せられます。**自分のエネルギーを自覚するだけで、共鳴する力が強まる**のです。

例えば、エアコンのリモコンがあるとします。あなたが暖房をつけたいと思ったからこそボタンを押して、暖かい風がくるわけですね。たまたま暖房のボタンを押して、「なんか暖かい風がきているなぁ」というのとは違います。自分が欲しているものは、暖かい風なのか、冷たい風なのか、あなたがそれを自覚し、意識するからこそ寄ってくるのです。それが引き寄せの法則です。ボタンを押したのはあなたですが、その前に意識化しているのです。**意識化された**

**ものは現実世界で実現していきます**。つまり、自覚された意識が現象を引き寄せるのです。

億万長者になりたいとか、絶世の美女と結婚したいとか、仕事で大成功して人からちやほやされたい、というのはあなた本来のエネルギーの形ではなく、自分以上のものになりたい、という欲望の場合がほとんどですね。あなた自身のものでない限りは、引き寄せの法則は実現しません。それはあなた自身の中にある本当の意識のエネルギーとは関係ない、非現実のものだからです。

本当に今、自分が何を求めているのか、何を欲しているのか、それを自覚することが、引き寄せの第一歩です。そして、本当のあなた自身になることを助けるのがレイキなのです。

引き寄せの法則というのは、レイキと同じく特別で神がかり的なことではなく、当たり前のことです。氣がいっているものへの気付きの量が増えることによって、縁がやって来るのです。この原理に自覚的になると引き寄せも実現しますし、加速します。

私自身、レイキを学ぶことで自分のありのままのエネルギーを自覚し、身をゆだねることができるようになった途端、ものすごいスピードで様々なものが引き寄せられ、運命がどんどん変化していきました。私の身に起こった不思議なストーリーについては、次の章でお話しさせていただきたいと思います。

お金も、学歴も、家庭も、何一つ持っていない私でさえ、「元の氣」を整え、自分自身のあり方を自覚して流れに身をゆだねた瞬間から、多くの人が寄り集い、支えてくれて、まったく新しい人生を歩むことができるようになったのですから。

## 「思い込み」が自分の心の底に亀裂をつくる

現代人は、様々な常識や固定観念に縛られています。どんなにエネルギーチャージをしても、どんなにパワースポットでレイキを取り入れたとしても、「こうしてはならない」「ああしなければならない」と思った瞬間、穴の開いたコップのようにエネルギーは漏れてしまい、枯渇状態になってしまいます。するとエネルギーの足りない状態が延々と続きます。だからいつも不安で、余裕がなく、満たされていない感じがする――これが現代人の心の在り方です。

固定観念や思い込みに気付くためには、自分自身を見つめ、感じるという**内観**が必要になってきます。

内観するためには、瞑想やヨガ、座禅など、様々な方法があると思いますが、私が実践してきたのはレイキによって自然の氣を取り込むことで、自分自身の「元の氣」を見つめ、整えていくやり方です。レイキを実践していると体だけではなく、心の内部の固定観念や異物にも敏感になります。**観念や思考というのは、自然界のエネルギーと比べるとどこか不自然だからです。**

「これって思い込みよね？」

こんなふうに、レイキをやっていると、自分の中の心のわだかまりに自然に気付いていくことになります。

不思議なことに、心と体がどんどん敏感になるのです。

「嫌なものは嫌」とか、「騙し騙し仕事をしてきたけど、体が痛がっていたんだな」とか、そういうこともわかるようになります。

あなた自身のエネルギーに敏感になると、あなたの外にあるエネルギーにも敏感になります。例えば、嫌なものを回避するということもできるようになるし、自分がこの人といたら元気をもらえるとか、こういう場所に行ったら気持ちいい、という感覚にも敏感になります。その感覚に従って素直に行動していると、ますますあなたの中に良いエネルギーが満ちていくことになります。

注いでも注いでもエネルギーが漏れ続けるのは、思い込みがあるからです。思い込みが、心のコップの底に亀裂をつくり、穴を開けているのです。思い込みに気付き、手放すことによっ

エネルギーが溢れ出る状態だと
人にも多く与えられます。

常識でしょ？　といった観念や思い込みのせいで
エネルギー補給しても、すぐに不足状態になる。

て、コップの底の穴がふさがります。すると自然の氣に満たされて元氣になっていくので「元の氣」で満たされます。固定観念に気付くことで、エネルギーがチャージされるのです。

あなた自身が満たされたら、溢れ出たものを人に与えていけばいい、というのがレイキの考え方で

す。

自分の氣を減らしてでも人に分け与えていく、というのは自己犠牲的な考え方です。そうではなく、**溢れ出たものを人に分け与えていく**のです。すると自分が分け与えたという意識がなくても、人から「ありがとう」と感謝されたり、あなたの話を聞いているだけで元気が出ました、とか、側にいるだけでほっこりするとか、気付けば人が寄ってくるようになります。「与えねばならない」ではなく自然現象のように与えることができれば最高ですね。だからこそ、自分の「元の氣」をベースに考えましょう。

レイキは、非日常的なものではありません。超自然なものでもありません。それは自然なものです。自然界の中にあり、あなたと私の間を行き来し、私たちを元の氣で満たしてくれる、エネルギーそのもののことなのです。

つまり、**レイキを取り込む方法を学べば、あなた自身が癒され、人々を癒すこともできるパワースポットになることができる**のです。

## マサイの人たちはレイキとつながっている？

　数年前、ケニアに行って、マサイの人たちに会いました。自然の中で暮らしている人たちは常にレイキとつながって生きているのかな？　ということを知りたかったのです。

　インタビューすると、「病気をしたら薬草を取ってきて、こういう効果がある」とは言うのですが、ネイティブアメリカンのように「自然に感謝」という感覚があまりないようなのです。「何を大事に生きていますか？」と聞くと「牛がいっぱいいるから、牛さえいれば幸せになれる。囲いを作ったからライオンに襲われない。それが一番大事だ」と、そういう答えでした。

　そして話し終わった途端、「ちょっといい？」と家の裏に呼びつけられて、高額の手作りアクセサリーを売りつけようとします。自然とつながっていたら何もなくても感謝して生きているのかな、と思っていたら、私たちと同じような資本主義社会の発想なのです。やっていることは私たちと同じなのです。

　頭頂に手をかざしても、レイキとつながっている感じはしませんでした。私が手を当てていると、「何しているの？」と不思議がっていましたが……。

　ケニアに行って、都会とか郊外とか、環境はあまり関係ないな、と実感しました。「自然と一体化している民族」というのはもう今の時代では幻想で、あくまで個人であり、人それぞれなのだな、と知ることができたのです。

現地の人々と会って、実際にエネルギー状態を確かめることで腑に落ちたのですね。都会人はみんな蛇口が閉まっていて、ぎゅっとなっている。地方の人がゆるんでいるかといったらそれは関係ないのと同じことです。私がずっと大阪で生きていたので、地方で農業を営んでいる人のほうがレイキとつながりやすいのかな、と思い込んでいたのですが、アフリカまで行ってそうではないとわかりました。

私が出会ったマサイの人たちは商売上手で、スマホや携帯でやり取りしている私たちと同じなんだ、ということがわかっただけでもアフリカに行って良かったと思います。人間は同じなんだ、とわかった時点で、もう海外旅行には満足してしまったほどです。自分の目で見て確めるということが大事だな、と思いました。

結局、**環境ではなく自分自身**なんですね。自分が自然とつながれば、そこがもうパワースポットになる。自分自身を癒し、人にエネルギーを分け与えることもできる。その手助けをすることができるのがレイキなのです。

## コラム1

日本と西欧では、レイキ療法に関する社会的認知度がだいぶ異なっているのをご存じでしょうか？

日本よりも早い時期に西洋式レイキが広まり、根付いたアメリカやイギリスなどの国々では、国の機関や、大学などで学術的な研究・調査がなされており、その効果が科学的に認められつつあります。

また、病院などで代替医療として組み込まれ、現実に効果を発揮しているケースもあります。日本で言えば、整体や鍼灸に近い認識かもしれません。

レイキを始めとする相補・代替療法は、従来の西洋医学と組み合わせることで統合医療と呼ばれています。アメリカ合衆国保健福祉省（United States Department of Health and Human Services、HHS）の主導機関であるアメリカ国立補完統合衛生センター（National Center for Complementary and Integrative Health、NCCIH）によると、レイキは、気功などのエネルギー療法の一種として認められていて、2002年の調査では、米国民の220万人以上がレイキを用いているそうです。

また、海外においてはハーバード大学の健康センター（Harvard University Center for Wellness ）やミソネタ大学のスピリチュアリティ＆ヒーリングセンター（University of Minnesota Center for Spirituality and Healing）など多くの教育・研究・医療機関および高齢者施設などにおいて研究や実践がなされています。

―― コラム執筆者プロフィール ――

【中平みわ・京都光華女子大学、准教授】日本で看護師として勤務したのち、オーストラリアの大学・大学院に留学。帰国後は日本の大学で老年看護の教育と研究に携わっている。2013年に友人を通じてレイキに出会い　岩崎先生に師事する。多忙で緊張した日常の中で、定期的に岩崎先生のレイキを受けることで心身の安らぎを実感し、大学にてレイキを看護師に広めることができないかと模索中。

# 第2章

# 〝人生八方塞がり〟だった私がレイキ師範になるまで

幼少期から家庭環境に恵まれず、不良になり、結婚したものの夫は鬱になって引きこもり、家庭内別居の末離婚……三十五年ローンの一軒家だけが残されて――学歴も、お金も、運も、ないない尽くしの人生を生きてきた私が、レイキと出会い、ゆだねた時に起きた運命の転換とは。不思議な不思議なストーリー。

## 小学校六年生から煙草を吸う不良少女

私には父親が幼少期からいません。両親は私が三歳、弟が生まれてまもない時に離婚して、母親に引き取られたのです。母からは父のことを「お金のないどうしようもない人間」と聞かされて育ちました。母は私たちを育てるためにバリバリ働く人で、夜遅くまで家に帰りませんん。それで私は小さな頃から弟の世話をしていました。よく「姉御肌ですね」と言われることも多いのですが、小さな頃からのこんな環境で自立心が強くなったことが大きく影響していま す。

十歳になった頃、母が新しい彼氏と一緒に暮らし始め、祖母の家に預けられました。しかし、祖母は私のことを面倒くさがり毛嫌いし、私は小学校六年生から煙草を吸い始め、中学生になると、立派なヤンキーになっていました。長いスカートを履き、髪を染めたベタベタの不良です。先輩や先生に呼び出されることは日常茶飯事の問題児で、三年生になる頃には、学校にもまともに行かなくなりました。

十代の私にとっては、社会が敵、親が敵、学校の先生も敵でした。尾崎豊の『卒業』という歌で「夜の校舎、窓ガラス壊して回った～♪」という詞がありますが、まさにそんな感じで、反骨心の固まりでした。今にして思えば、よくこんなふうにまともに？　になれたなと思います。

さて、成長して社会人になると、私は何でもかんでも責任をしょってしまいがちな人間になっていました。例えば、お勤めをしていてもリーダー性が強く、後輩の面倒を見たり、後輩をいじめている上司がいたら、そこに噛み付きに行く……そういう感じのキャラになっていました。

十代から祖母に預けられ、ほとんど母親と暮らしていなかった私は早く自立したいという気持ちがあり、十九歳から同棲していた同い年の彼と二十歳で結婚しました。その旦那さんのお母さんがレイキの先生だったのです。後々、私はこのお義母さんに助けられることになります。

結婚十年後、私たちは離婚しました。きっかけはその三年前になります。夫との間に子供はできなかったのですが、彼は事業を立ち上げて働き、私はエステティシャンとそれぞれに仕事を持っていました。財布も別々で、自由な恋人同士のように暮らしていたのです。ところが、夫が二十七歳くらいの時に事業が上手くいかなくなり、鬱っぽくなってしまったのです。引きこもりのようになり、全然働こうとしません。ちょうど三十五年ローンで一軒家を買ったばかりの時でした。私が仕事から帰って来ると、引きこもりになった夫がいます。住宅ローンも私が一人で払わねばならなくなり、いつしか家庭内別居のような生活をするようになりました。

家に帰っても癒されず、エステの職場で責任者（中間管理職）の立場になっていた私は売り上げのノルマに苦しめられていました。結局、家でも職場でも常にストレスにさらされ続けたあげく、心身症でダウンしてしまったのです。

ある日突然、ドキドキドキドキと心臓の動悸が激しくなり、手から変な汗が出てくるのです。少し誰かと話をすると意味もなく涙が出てきます。心が壊れていました。職場にも普通に行けなくなり、しばらく休むことになりました。病院で精神安定剤をもらい、静養することになりましたが、家には鬱で引きこもりの夫がいるわけです。

そんな時、私の異変に気付いたらしいお義母さんに呼ばれて、二人で会うことになりました。

「ちょっと座ってごらん」とお義母さんは言います。

その時に初めて、レイキヒーリングをされたのです。

私は、レイキという存在をまったく知りませんでした。当時ただ苦しくて、勝手に涙が出てきて、どこにも救いがなく、心身ともに限界の状態にありました。ところがレイキをされた瞬間、癒されるとはこういうことか、という体験を初めてしたのです。誰かに許されている感じとか、もういいんだよ、大丈夫だよ、と愛で包まれている感覚をエネルギーで感じたのです。とても気持ちが良くて、かたくなになっていた心身がほぐれて、安らぐ感じがしました。私の目からは、勝手に涙が流れています。

「何をやっているの？」と私は聞きました。

「レイキヒーリングをやっているのよ」とお義母さんは言いました。

「レイキ？　何それ？」私はびっくりしました。とても心地よかったものの、レイキという言葉を怪しく感じたのです。

「またやってあげるからおいで」と、お義母さんは何も説明せずに微笑んで答えました。

一九九七年、私が二十七歳の時のことでした。

## あなたはあなたのままでいい

それから何回か、お義母さんのもとにレイキをしてもらいに行きました。お義母さんはカウンセラーの仕事もしていたので、こんなふうに私のことを肯定して、励ましてくれました。

**「リンゴはリンゴ、ミカンはミカンであるように、あなたはあなたのままでいいんだから、もうそんなにがんばらなくていいよ」**

この言葉が未だに忘れられません。無理をしなくて、がんばらなくてもいいんだ、という言葉を人生で初めてかけてもらえたのです。とりわけ「もうがんばらなくていいんだ」という言葉が細胞に染み入りました。自己犠牲的な生き方をしなくてもいいんだ、と初めてわかったのです。

当時、私が抱えていた問題は、夫と仕事、ローンのことだけではありませんでした。幼い時に離婚した父からお金を無心され、人生を長い間二人で生きてきた弟は道を踏み外し、薬物依存症になっていました。祖母は認知症で介護が必要となり、すべてがひどい状態でした。

レイキを習いたい、と私は思いました。

そこで施術をされてから一年後のある日、お義母さんに「レイキを教えてください」と頼んだのでした。なぜか、レイキだけが私の八方塞がりの人生の出口であるように感じられたのです。

元々独立志向があった私は、レイキを取り入れたサロンを作ろうと考えるようになりました。お義母さんのように人助けができるようになりたい、と心から思いました。

ところがレイキを学び始めると、自分にごまかしや嘘が吐けなくなるのです。

例えば、楽に生きるために旦那さんと仲良くして、ごまかして生きる選択肢もありました。お金のためには、会社も辞めず、騙し騙しやればいいかもしれません。しかし、レイキの実践をやり出すと、ノルマ重視の会社の方針についていけなくなり、辞めることになりました。家庭内別居の夫とも距離を置いていくことになり、離婚を決意しました。

私は師匠である彼のお義母さんに「申し訳ないんだけれど、彼と別れたい」と言いました。するとお義母さんは「あなたが自然な心で決めた道だから、それはそれでいいんだよ」と優しく言ってくれました。

「好きなように、自分の道を行けばいいよ。でも別れてもずっと応援しているからね。離婚してもあなたは私の娘であることには変わりないんだから」

このお義母さんとは未だにお付き合いがあります。その後、私はある人との出会いにより、後にレイキ協会を立ち上げて世界にも広げていく活動をするようになるわけですが、お義母さんはずっと陰から応援し、喜んでくれていました。自分が撒いた種が花開くのを見て喜んでいるようでした。

## 手放し、ゆだねることで運命が好転する

不思議なことに、レイキを行うと自分自身に嘘を吐けなくなります。社会が決めたルールや常識に縛られなくなり、「生活のためにこの人といなくてはいけない」とか、「会社を辞めてはいけない」といったふうに頭で計算して動くという習慣から次第に離れていきます。自分の本質が目覚めてくることによって、心に素直に動けるようになるのです。

私はレイキに出会った時、教えてもらった自己鍛錬法をものすごく熱心にやっていました。なぜ熱心にやったかというと未来が見えなかったからです。

住宅ローンもあるし、会社も辞めて、夫は鬱で引きこもり、家庭内別居をしていて、収入も

ない。これからどうやって生きていけばいいのだろう？　と途方に暮れて、自分で答えが出せない状態に追い込まれてしまっていたのです。

それでとにかく、レイキを必死にやってみようと思いました。自分は組織に向いていないというのを思い知らされた時でもあったので、再び勤めて使われるのにも抵抗がありました。組織で働きたくないなら、一人で生きていくしかありません。

私は、エステティシャン時代の経験を生かし、レイキを取り入れたエステサロンをやろうと思い立ちました。それですぐに残り少ない貯金をはたき、自宅の駐車場を店舗に改装してサロンにしました。もちろん、すぐにお客さんが満員御礼になって生活が成り立つわけもありません。アルバイトをしながらサロンの運営のことで苦しんでいました。私にできることは真剣にレイキに取り組むことだけでした。エゴを手放し、「私をどうぞ使ってください」と日々お願いしました。

そうやって、ただひたすらレイキにゆだねていると、不思議なことに、自分の運命を好転させる様々な情報やご縁がやって来たのです。

別居していた夫と離婚したばかりの二〇〇〇年、私が三十歳の時のことです。たまたま親戚の人が、こんなふうに声をかけてきました。

「飲食店を出したいからあんた物件探してくれへんか?」

「どの辺で?」

「この辺で」

人のことをしている場合ではないのですが、不動産会社に行きました。すると二十年くらい空かなかった物件がたまたま見つかったのです。

「いいのがあったよ」と、私は親戚の人に言いました。

「やっぱり予算が足らないからやらない」

「ええっ?」

ちょっとひどいやんか、と驚いていると、不動産会社の人が「あなたがお店をやればいいんじゃないですか?」と冗談で言うのです。

その時に、直感が働きました。

この流れを受け取って動くということだな。

レイキをしていなければこんなふうに動けなかったと思います。固定観念が外れていたのですね。結局、その飲食店を私がやることになるのですが、そこから「レイキを学びたい」という人がたくさん来始めたのです。

私はそのお店でカフェをやろうとしていました。正直に言えば、自分が寂しくて孤独だったので、寂しい人がみな集まってきて、そこでみんなが癒されるような空間づくりができればいいと思っていたのです。

ところが、そのお店は飲食店街にあったので、ほとんどお酒を飲めない私でしたが、お酒を扱うのがメインのショットバーを経営することにしました。開店するにあたっては大勢の友達などが協力して助けてくれたおかげで、あまり予算をかけずにお店を持つことができたのです。こうして、昼間はレイキを取り入れたエステサロン、夜はショットバーという二束のわらじの生活が始まりました。

バーでは、趣味で勉強していたタロット鑑定もしていました。すると不思議なことに口コミで広がって、地方からお客さんが来るようにもなりました。評判が評判を呼び、地方から車やバスで団体で私のお店にやって来るようにまでなったのです。

意外な展開でした。まさかショットバーをやることで、こんなふうに人のつながりができるとは思っていなかったのです。

そのうち、人からのご縁でパワーストーンを扱うようになり、タロットリーディングで得たコツやレイキ法の教えを取り入れたカウンセリングを行うなど、石を使い、独自の発想で心理鑑定を行うようになりました。

そうするとタロット鑑定やパワーストーン心理鑑定を習いたいという弟子が何人も現れ出しました。私の意思とは関係なく、導かれるようにしてどんどん世界が広がっていったのです。

あれよあれよという間に、タロットやパワーストーン鑑定でお店がブームになってしまい、テレビで紹介されたりもしました。

一方、自分の根っこであるレイキは、昼間、細々と続けていました。様々な人と会っていると、「この人はレイキをやったほうがいいのにな」と思うこともあります。それをさらっと言えるようにもなると、レイキのお客さんも増えていき、さらには、レイキを習いたい、という人も出てきました。そんな人達が、今度は飲食店のほうから続出し始めたのです。

レイキの教えの軸に、自分ですべてなんとかする、コントロールするという力みを手放して、「**ゆだねる**」というものがあります。

大きなものに身をゆだねる——普通はどこに連れて行かれるかわからないような、目に見えないものにゆだねるというのは怖いし、なかなかできないことだと思います。けれども、勇気を出してゆだねていたら、本当に流れができてきたのです。これは自力ではないのです。かと言って、流されたわけでもなく、「**流れた**」という感覚です。まさに、レイキが自分自身の体を通して流れ、自分から他者に伝わるように。

私が最初にレイキを通じてカウンセリングで伝えたかったことは、「**手放す勇気を持とう**」ということです。

レイキを学んで実践していくと、小さなことから少しずつ手放す勇気を持つことができるようになります。手放し上手になるのです。すると人生の方向性が変わってきます。それが運命を好転させる大きな流れになるのです。

## 固定観念を捨て、本当にやりたいことをやる

共依存という言葉があります。要は、癒着の関係です。親子、夫婦、上司部下——最終的にはののしり合っても、離れられないような関係もあると思います。癒着した関係の中から良いものは生まれません。それを切る勇気、手放す勇気というのは、かさぶたをベリベリ剝がすくらいの覚悟が必要です。しかし、それを手放した時に得ることができるギフトというのは、計り知れないものがあります。

レイキによって心のわだかまりを手放しやすくなる効果というのは、肉体の痛みを軽減した

り、心配や不安を楽にするヒーリング効果ともつながっています。心が病んでいる状態では、依存心を断ち切ることは難しいのです。

人は、病んでいる時こそ何かに依存しなくては生きていけません。当時、家庭問題や会社との依存関係で病んでいた私にとっては、レイキというものがそこでカチッとはまったのですね。

私はエステ以外にもバスガイドや服飾など、様々な仕事をしてきましたが、どこかで「社会と戦う」という精神で働いていました。けれどもある時、心が擦り切れて折れてしまったのです。そこでレイキに出会って「戦わなくてもいいんだよ」「そのままでいいんだよ」というメッセージを体で感じたことが、大きな転機になったのです。

もちろん、人間、百八十度急には変われません。飲食店を始めた時も、ついつい自己犠牲の癖が出てきてしまいました。「バイトをしたい」「心理鑑定を習いたい」と慕って人がたくさん来ると、拒むことができないのです。気付けば、小さな店なのにタイムカードが十人分くらいありました。人にステージを与えよう、与えようとして、みんなの生活を背負ってしまっている自分になって、お店をやっていたのです。

私自身、本当はレイキを広める活動をしたかったのです。ところが、気がつけば新しいステージでもスタッフの生活や人生を背負っている。

「またやってるよ」とある時気付きました。「自分が本当にしたいことって、何なのだろう？」

飲食店の展開がしたいのか、心理鑑定がしたいのか、心理鑑定師を育てたいのか、お店を増やしたいのか、お金儲けをしたいのか、何なのだろう？

またそこで揺さぶりがきました。そうなるとまたレイキを一生懸命がんばるのです。ぶれた時に基本に立ち返ったのですね。

「ああ、やっぱり私がやりたいことってこういうことじゃない。レイキを伝えたいということなんだ」

二〇〇四年、この大きな気付きがあった時、常連のお客さんの中に、こんなことを言う人がいました。

「順ちゃんのやっているレイキ、私の知り合いにもやっている人がいるよ」

「へぇー、珍しいね」

それが心理カウンセラーをしていたＴさんという女性の方でした。

Ｔさんと私でレイキのことを熱く語っている時に、「レイキ協会のようなことをやろうか迷っている」という言葉が彼女の口から出ました。そこでその翌年――今から十年前に協会を一緒に立ち上げたのです。

協会を立ち上げるとレイキを習いたいという人がどんどん増え始め、また海外からも日本伝統式の教えをきちんと指導してくれる、という情報が広まったため、レイキをもう一度学び直し、海外に広めたいというレイキティーチャーの人たちがやって来るようになりました。これが人生八方塞がりだった私が、レイキと出会うことで起こった不思議な不思議なストーリーです。

現在私はレイキの教えを伝授することが中心の活動になっていますが、今後は本格的なレイキ療法が行えるプロのレイキ療法師として技術者を育成し、広めていけたらと思っています。

## 感覚を麻痺させて生きている現代人

ミカンはミカン、リンゴはリンゴ——あなたはあなた。

この真実は、「社会人としてがんばって生きていかなくてはいけない」と思い込んでいた二十代の私には衝撃的でした。

リンゴはリンゴなのに、それを「フルーツ」というひとくくりで見てしまったり、「人間」

「大人」という視点だけで見ると、「フルーツとはこういうものだ」「大人とはこういうものだ」という固定観念が生まれてしまいます。みんなそうやって教えられて育ってきているわけですが、それが当たり前になるとどんどん息苦しくなってしまいます。本来の自分というものがどんどん抑圧されてしまうのですね。

レイキをすると元気になります。元気というのは「元の氣」という意味です。つまり、「本来の自分」という意味です。元の氣ではなく無理して何ものかになろうとしたりしていると、病気という「病んだ氣」になってしまうわけです。そうではなく、元々の素材に立ち返って、そこを生きれば本来誰でも幸せなのです。

ところが、ありのままの元の姿というのは普通に生きていてもなかなかわかりません。私のように自己犠牲を当然として、それを美学として生きてきた人間には、「ありのまま」なんて言われても、意味不明なのです。

レイキとつながって、「元の氣」を高める状態になると、思い込みを手放すことができるようになります。溜まりに溜まった観念を少しずつ剝がしていく作業ができるのです。これを**自己浄化**と言っていますが、この浄化の繰り返しが「元の氣」に戻るコツです。

現代人は、観念や情報を背負い込みすぎて、本当の自分というものが見えなくなってしまいがちです。

親や学校が、本当に自分が幸せになる生き方を教えてくれるわけではありません。あくまで「正しい」とされているものを教えているだけで、それが幸せになるかどうかという基準は抜けているのです。こうして、道徳や常識という観念でがんじがらめになって、「元の氣」は失われていきます。どういう状態が幸福であるかさえ、感覚的にわからなくなってしまうのです。

私はレイキをいろいろな方々に教えてきましたが、つくづく感覚を麻痺させなくては生きることのできない時代になっていると思います。本当は痛いのに、痛みを感じないという人が増えているのです。

レイキを習いに来た初心者の方でよくあるケースは、こんなふうです。

「私ね、マッサージに行くと肩が凝っていると言われるんですけど、自分で凝っている自覚ないんですよ」

体すらも痛みを感じさせないように麻痺させているのです。心が苦しくても、苦しいという感覚を麻痺させないと生きていけないのと同じことです。

人間の機能というのは上手にできているな、と思います。自分らしく幸福に生きていなかったら、今度は感覚を麻痺させる方向で、鈍感にしてわからなくさせて生きることをするのです。けれども、やはりこういう生き方には無理があります。どこかで必ず病気になったりして、壊れてしまうのです。

本当は、心も体も苦しんでいるのです。痛いのです。それを麻痺させて生きていると、突然、鬱病になってしまったりします。

重度の鬱病で薬を飲んでいる人が、それを隠してレイキを習いに来たことがあります。レイキの講座には、初級、中級、上級というレベルがあります。初級、中級まではいいのですが、上級まで鬱病の人が習った時に、おかしくなってしまうケースがありました。

レイキは元々の自己調整力を高めるものです。元の氣の状態に戻すものなので、薬で鬱を抑え、精神を安定させていた人が、上級講座で自分の本質を出していくことが加速すると、鬱の精神状態に直面して、パニックになってしまうことがあるのです。

レイキの教えというものは本来、自己認識から自己受容、自己実現に至る道を説くものだと私は思っています。少しずつ麻痺を解除していくことが、自然に元の氣に戻る秘訣です。

薬を飲んでいる方や、鬱病の方、精神を患っている方は、先に自分の病状や飲んでいる薬のことをレイキティーチャーや師範に申告してからレイキのことを学ぶべきだと思います（西洋式ではレイキを教える人のことをレイキティーチャーと呼び、日本古来の臼井式レイキでは、レイキ師範と呼びます）。正しくレイキを理解している教師なら、それを踏まえた上でその人に合った学び方を教えてくれることでしょう。

## 好転反応は自覚のプロセス

レイキを受けることによって痛みや苦しみなどの麻痺が解除すると、ごくまれにですが、反動が出ることがあります。これを好転反応と言います。

肩が凝っているのに感じられず、凝っていないと思い込んでいる。ところが氣に敏感になると肩がどうも痛い、と感じられるのも一つの好転反応です。頭をすごく使いすぎて酷使している人が、アチューンメント（波動調整）を受けると頭がゆるんでエネルギーが通ることによって、その時に頭痛があることがまれにあるのです。

人によって好転反応はいろいろです。睡眠不足だった人は眠くて仕方なくなったり、便秘の人はトイレが近くなったり、感情を抑圧してきた人は、溜まっていた感情が出ることもあります。隠されていた痛みや感情を自覚することによって反応が出るわけですが、これは悪化したのではないということです。封印していたり、騙し騙しの部分に氣が通ることによって自覚できたのです。

頭痛がした人は、ああ、頭を使いすぎていたんだな。眠くて仕方がない人は、睡眠不足で体が疲れていたんだな、と気付いてあげて、それを補うことを実践してあげる。眠たくて仕方ない人はしばらく早く寝るようにするとか、頭が痛い人は頭を休める。つまり、自分の状態が良くなるプロセスとして捉えるのです。

ただ基本的に好転反応は出ませんのでご安心ください。レイキは自然界のエネルギーですから、受けた人のほとんどは温泉に入ったようなほっこりした気持ちになります。

万が一好転反応が出た場合は、「自分の中で凝り固まっていた箇所への自覚のプロセス」というように考えてみてください。

## レイキは本当の自分の在り方を知るツール

レイキをしていると、自分の心身の状態に敏感になります。

例えば私がパソコンの作業を五時間ほどやるとします。以前の私なら五時間くらいは平気だったのですが、氣に敏感になってくると、「肩や首がもう嫌だ」、とか「目が限界」という感覚が二時間くらいで訪れたりするのです。本来のセンサーが戻ってきて、体の異変を教えてくれるようになるのですね。それで一旦休憩するのですが、長い目で見れば体に負担をかけないやり方で作業をすることができるようになります。

正直、「前のほうが良かったかな、何も感じずに無理ができていたのに」と思うこともあります。けれども、本来の状態が戻ったということは、痛みもすぐに感じることができるということです。感じるということは、すぐに調整できるということ――知らず知らず、大病のリスクを溜め込まなくなるということです。麻痺した状態のほうが良かった、と思うのはやはり間違っているのです。

デスクワークだけではなく、ヒーリングの仕事でも知らず知らずのうちに無理をしていることがあります。どれだけ優れたヒーラーでも、毎日、十人近くも施術をしていたら自分の腰も痛くなるし、精神的にも辛くなるでしょう。

私自身、レイキを講座で教えていますが、何時間も講義をしているとやはり疲れます。どの仕事も一緒です。けれども、ヒーリングについて幻想がある人は、レイキを教えている立場にいる人なのだからいつも疲れ知らずで、いつも調子がいい状態を維持しているに違いない、何の悩みもないだろうし、完成された人で何の問題もないのだ、という思い込みがあります。それこそ、思い込みなのです。

「私、普通ですから」と私はいつも言っています。「普通の人間ですから痛い時は痛いし、人から悪口を言われたらむかっとくるし、普通ですから」。ちなみに私の座右の銘は「にんげんだもの」(相田みつを氏の言葉)です。

繰り返しますが、**元気になるというのは、元の氣に戻ること——つまり、自分自身に戻ることなのです。**

自分の本来の状態に気付いているからこそ、調整していくことができます。

元々の生命力というものが本来の力を発揮していけば、誰かの顔色をうかがって「こうあらねばならない」というのではなく、それぞれの個性というものが発揮されてきます。理系が強い人もいれば文系の人もいます。陰のタイプの人もいれば、陽のタイプの人もいます。陰のタイプの人が陽のタイプの人になろうとしても無理があるのです。

植物も一緒で、砂漠地帯で育つ花もあれば、湿地帯のじめじめした土地で育つ花もあります。環境が変わったら、どちらも育ちません。

人には、元々の素材というものがあります。それを知って、受け入れて生きていったほうが自分らしく、生き生きと生きることができます。**レイキはヒーリングに使えるだけではなく、本当のあなたの在り方を知るツールでもあるのです。**

**コラム2**

日本ではレイキの研究論文はほとんどありませんが、英語の医学系論文データベースであるPubMedで、“Reiki”を検索すると約2、200件もの医学系論文がヒットします。

薬や治療法などの効果を表すエビデンス(科学的根拠)を示すには、正確で精度の高い方法を用いた研究を行わなければなりません。無作為化比較試験(RCT)は、高いレベルのエビデンスを示す精度の高い研究方法であり、このRCTで実施された論文を集め、厳密な方法で評価した論文(系統的レビュー)が最高レベルのエビデンスを示すと言われています。

冒頭の2、200件の文献にはReikiの系統的レビューもいくつか存在します。

目に見えないエネルギーであるレイキをアカデミックな研究対象とするのは、一般の方からすると難しいものに思われるかもしれませんが、中国の気功などの医学的効果の研究がなされているのと同じだと考えると、抵抗がないかもしれませんね。

‘気’そのものについての科学的データを計測するのは難しくとも、その効果に対する統計学的研究は可能です。そして薬などの医学的効果というものの多くは、実は、レイキ同様、作用メカニズムが証明されておらず、この統計学的調査によって実用性が証明されているのです。

# 第3章

# レイキの回路が開く原理・伝わる原理

レイキのアチューンメントってどういうことをするの？　伝授されたら一生使えるってホント？　レイキの回路が開く原理・伝わる原理、効果について、長年にわたるレイキ師範としての体験談から語ります。

## レイキは自律神経のバランスを整える

レイキを受けて最初に感じるのは心地よい温かさや、ほっこり感といったものが一般的です。この感覚は、受け取る側の感度や状態で変わります。氣を感じないタイプの人でも、「何か温かい」というのは感じることができるでしょう。新陳代謝が活発になり、おなかがぐるぐると動いたりします。咳が出ることもあります。氣が滞っているところに氣をいきなり流すと、詰まっている部分が開かれて咳が出たりするのです。これは不思議なことに、受け取る側だけではなく、施術する側も同じ反応が出ることがあります。

人間には、自分の意志でコントロールできない自律神経というものがあります。自律神経には交感神経、副交感神経がありますが、ストレスなどで不具合が起こりやすい人は、どちらかに偏りがちです。

交感神経が優位になりすぎると、常に緊張状態で、寝る時でもあでもない、こうでもないなどと考え、寝つきが悪くなり、睡眠不足になったりします。

逆に、副交感神経が優位になりすぎると、だらだらだらだら、あれもしないとこれもしないと、と思いながらも何もできない「やる気が起こらない病」になってしまいます。私ってサボっているんじゃないかな、だらしない人間だ、などと自分自身を責めてしまう方もいます。

レイキには、この自律神経のバランスを整える作用があります。レイキを自分の体に流すことで、自己修正力がつくのです。

例えば、レイキの講習会や練習会に来た人は、帰る時に表情ががらりと変わっています。氣が充電された状態で、使用前、使用後で写真を撮りたいほど変わります。レイキを感じることで心身のバランスが整い、「元の氣」に戻っているのですね。

八割方の人はレイキの氣を感じてくれます。感じない、わからないという人もいますが、それは過度な期待をしすぎているケースが多いのです。ものすごい神秘体験が起こるんじゃないかとか、びりびりと来るに違いないとか、強烈なインパクトがあると無意識的に思い込んでいるような人は、あまり感じなかったと言います。けれども、自然な氣を感じて元気になろう、くらいの気持ちでいる人は、その温かさと包まれる感覚に気付きます。そしていつの間にか、心身のバランスが整っているのです。

この章では、レイキとは何かということを私自身の言葉ではっきりと書いてみたいと思います。

## 痛い所に手を当てるのは本能的な治療法

レイキというのは古来、日本人に認知されてきた自然の氣の呼び名です。鎌倉時代の文献にも残っているほど昔からある言葉なのです。

レイキ療法というのは、臼井甕男《みかお》先生が開発された一つの治療法であり、健康法です。臼井式レイキは、レイキを取り入れた健康法を教えている一つの流派と考えても良いかと思います。西洋式レイキ療法のやり方も様々です。日本の場合は体にタッチして流すこともしますが、西洋式レイキであったら、タッチせずに手を浮かせて流すことが多いようです。外国の病院でレイキをする場合は、下手に患者さんに触れてしまわないように手を浮かして行うケースが一般的だそうです。

日本では、レイキは国によって認められた民間療法ではないので、リラクゼーションを目的としてのみ認められています。一方、欧米では国が認めている民間療法として大学で研究もされています（研究結果の例については、章の間のコラムに京都光華女子大学の准教授である中平みわ先生に紹介していただいています）。ハーバード大学に取材に行った時に、ウェルネスセンターという所でレイキを教えているのを見学しました。また、その系列の大学病院では看護師がレイキを現場で活用している実践例もありました。西欧では、日本人のように「何それ、怪しい？」という感覚はないようです。レイキという言葉に偏見がないのが良いのかもしれません。

レイキ療法というのは簡単に言うと、手当て健康法のことです。

元々、怪我をした人を「手当てしましょう」と言いますし、助からなかった人は「手遅れでした」と言いますね。「手助けしましょう」と助けることもあります。手は治療の言葉でもごく普通に使われています。

私たちは知らぬ間に痛いところに手を当てています。打撲であれ頭痛であれ、手を当てていますよね。手当ては本能的な治療法なのです。ところが脳が発達してきて知恵がつき、薬草を使ったりして病気治療ができるようになると、本能的なものはだんだん失われてしまったのです。

みな、手から自然に氣は出ています。しかし、レイキ療法ではどんな氣が出ているか――質や量、内容が大事になってきます。

自然界の氣を受け取って人に流したり、自分自身の心身を調整したり、いろいろなことに使える万能薬的な療法がレイキ療法なのです。

## レイキは伝授して終わりではない

臼井式レイキには、大きく分けると日本伝統の教えを軸にした**臼井式レイキと西洋式レイキ**があります。臼井式レイキは元々臼井先生が開発し、日本で発祥したものですが、今は逆輸入という形で入ってきた西洋式レイキの教師が圧倒的に多いようです。日本で生まれたものなのに海外から入ってきたレイキのほうがメジャーになっているのは不思議ですよね。そこに至る流れを少しだけお話しさせてください。

臼井甕男《みかお》先生は今から約百年前、大正十一（一九二二）年に京都の鞍馬山で断食修行の末に悟りを開きました。そこで自然に備わったのがレイキです。臼井先生が亡くなり、戦争の影響もあって、戦後、臼井式レイキは自然消滅という形になります。

臼井先生が亡くなった後、師範になった二十一名のお弟子さんがいましたが、その中の一人である林忠次郎さんが世界にレイキを広めるきっかけになりました。

林さんは最後の師範弟子の一人で、軍医でした。臼井先生から「医者の観点でレイキの治療的効果をもっと研究してみないか」という願いを受けて、「林靈氣研究会」を設立開業されました。その治療所に高田ハワヨさんというハワイに住んでいた日系二世の方が病気治療にやって来るのです。実は、この高田さんが世界的にレイキを広め、現在のレイキブームをつくることになります。

高田さんは胆嚢障害を始めとした重い合併症を患って余命いくばくもないと言われていたのですが、レイキの治療を受けて完治します。完治した高田さんは感動して林さんに弟子入りし、一年間学んで、ハワイに帰ってレイキの治療を行うようになります。これが西洋式レイキの始まりです。一九七五（昭和五〇）年頃、高田さんが本格的にレイキティーチャーの養成を開始し、二十二名のレイキティーチャーを育成しました。

この高田さんのハワイのお弟子さんたちが大きな二つの団体をつくり、西洋式レイキとして全世界に広まったのです。西洋式レイキは治療メインですが、元々高田さんの師匠の林さんが軍医ということもあるので、その傾向は当然受け継がれました。

昭和の終わり頃、西洋式レイキは日本に逆輸入という形で帰って来て、広がり、ブームになりました。そこから臼井先生の教えが注目され、復活したのです。その教えの中には、治療を中心としたレイキ療法だけではなく、安心立命を目指すレイキ法というものがありました。

元々、臼井先生はレイキ療法を習得しようと修行していたわけではありません。悟りの境地に至ってから、自然にヒーリング能力を体得したことに気付いたのです。このヒーリング能力を自分ひとりのものにせず、多くの人に伝承していくために、今で言うアチューンメント（当時の言葉では霊授）という波動調整を開発しました。つまり、伝授法は臼井先生が生み出したのです。

私が教えているのはこの臼井式レイキがベースになっていて、レイキ療法は入り口にすぎません。むしろ、根っこには**レイキ法という心の安心立命の道**がある、深い教えです。自分自身を深く知り、あるがままの自分を受け入れていく道と言っても良いかもしれません。

つまり、レイキはあくまで自分自身を知る一つの道だと私は伝えています。ですから、レイキを伝授されたからといってそれで終わりではなく、そこから本当に自分を深め、浄化していくことが大切となるのです。

## アチューンメントは自然界のエネルギーとの周波数合わせ

レイキとつながるためには、まずレイキ師範（ティーチャー）にアチューンメントというレイキの回路を開くための伝授をしてもらわなくてはなりません。逆に言うと、アチューンメントを受ければ、誰でもレイキは使えるようになります。それが他のヒーリングとは違い、世界に爆発的に広まった秘密です。

アチューンメントというのは閉まっている蛇口を開いていくような作業です。蛇口を開き、自然界に満ちる氣にチューニングを合わせること――つまりラジオで言えば周波数を合わせるということです。

アチューンメントというのは簡単に言うと、それを形として、儀式的にやるということです。すると受けた人も、「自分はチューニングを合わせてもらった、波長を合わせてもらった」という意識を持つことができるので、そこでアンテナが自然の氣に向けられることになります。「アンテナと配線が整ったので、ラジオが聞けますよ」というのと一緒です。

温泉マークには人それぞれの形がある

ヒーリングの力を伝授する、というと何か怪しい感じがしませんか？　けれども、そんな特別なことをしているわけではないのです。

誤解を避けるためにはっきりというと、アチューンメントというのは特別で神秘的なエネルギーを師範（ティーチャー）が授けるというものではなく、**元々自然**

**界にあるエネルギーとつながり、生かされていることを思い出させる儀式のこと**です。

私はこれまで、数千人の方々にアチューンメントを行ってていますが、授けると明らかに相手の頭の上に「温泉マーク」が出ます。つまり、湯気が立つのです。人によっては短くて幅がある人もいれば、高さがあって細い人もいます。手をかざすと人によって幅、高さは違うのだけれど、確実に出だすのがわかります。氣の通りが良くなると自然界とアンテナがつながるんだなぁ、と実感できます。

## レイキ師範やティーチャーの正しい選び方

どのレイキ師範やティーチャーからアチューンメントを受ければいいのか、どういったやり方が正しいのか、ということについて聞かれることがあります。

世の中には、様々な教え方をしているレイキティーチャーがいます。けれども、誰が良くて誰が悪いとか、そういうことはないのです。それこそ波動共鳴なのです。一日で教師になりたければそこに行くし、オーラが見たい人はそこに行くし、超能力や除霊などを学びたい人はそういったことを売りにしているところに行くし、お金がない人は安いところに行くでしょう。

全部波動共鳴で、良いも悪いも私はないと思っています。**みんな今の自分にちょうどいいところで学ぶ**のです。自分の波動が変化すれば別の場所に行くかもしれない。それが波動の法則です。需要があるからそのティーチャーが存在するのです。要は、今の自分に合ったところにあなたは行くということです。

それを踏まえた上で、私のレイキティーチャーというものに関する考え方をお話ししておきます。

私は決して人格者ではありませんが、レイキのことをしっかり指導できるくらいに理解し、レイキを伝授する立場としてエネルギーを感じる方でないと師範にはしていません。

レイキを伝授して十数年の間に、師範にまで育成した人数はこれまで三十名ほどです。つまり、年間で二人から三人程度の割合です。

どの業界でも、指導者という立場になるためには、責任を持って指導できるレベルに到達するまで学ぶ必要があるのではないかと思っています。なので師範研修では最低半年から一年をかけて育成していきます。

私が育成した師範の一人である、和歌山県の病院に勤務している透析医の方が、こんなことを話してくれました。

「他所で最初にレイキを学びレイキティーチャーにまでなりましたが、学びに疑問がたくさんあったので再受講という形でレイキの理解を深め直し、改めてレイキ師範になりました。手当て療法としてのレイキを病院内で使うことはできませんが、回診時に患者さんに触れることにより、こっそりレイキを使っています。ストレスの多い仕事ですが、仕事を終える頃のほうが心身共に元気になるというレイキ効果を実感しています。家では家族に積極的にレイキを使い、『翌朝の疲れの取れ方が全然違う』と喜ばれています。今後、ホリスティック医療の一環として、レイキを積極的にやっていきたいと思い、その方法を模索中です」

　現在のレイキの業界では、お金さえ支払えば誰でもレイキティーチャーになれるようなやり方をしているところが一般的で、中には、一日でレイキティーチャーになれると謳って伝授しているところもあります。さらにひどいケースでは、対面で会うことはなく遠隔ヒーリングで伝授し、講座内容はメールで送ります、というところもあるようです。

　運転免許を取るのに指導する先生がペーパードライバーだったら……。そのようなことがレイキの業界では普通となりつつあります。その団体なり、人物なりが、正しく指導してくれるのかどうか、受講される前にきちんと確認したり、調べるなどしてからレイキを学ぶことをお勧めします。また、レイキの講座を受ける前に、そのスクールで一度はレイキの施術を体験しておくことをお勧めします。

参考として、臼井式レイキでは遠隔（その場に相手のいない）のアチューンメントは行わないことをここでお伝えしておきます。

## レイキは誰の体にも合う水のようなもの

さて、前述の通りアチューンメントを受けると氣を通す蛇口がゆるみ、自然界に満ちているエネルギーと波長合わせすることができるようになります。するとレイキを自然に取り込むことができるようになり、活用することもできるようになります。

レイキとつながる時は、頭頂から自然界の氣を取り入れて、体の中にめぐらせます。それから手当てをするのです。レイキとつながらなくても誰でも手から氣は出るのですが、氣にもいろいろな種類があります。

レイキとつながっていない人は、大抵自分の氣を使っています。力みが入って、念力となっているのです。

例えば、紅茶やコーヒー、炭酸飲料なら好き嫌いがありますね。コーヒーが飲めない人もいますし、炭酸飲料が苦手な人もいます。水に味が入ると好き嫌いが出るのです。これが例えるなら自力や念と言われるものです。自力や念には個性があり、色があり、味が違います。合う人にとっては水より美味しかったり、効果があったりします。

ところが、**レイキは水のようなもの**なのです。水というものは誰の体にも合いますね。軟水、硬水といった種類はありますが、基本的に水が合わない人はいません。水は特効薬ではないかもしれません。ただ、純粋な良い水を飲めば自己浄化が起こり、自己調整力、自然治癒力が高まったりします。

念力の場合、例えば私がコーヒー党で、相手もコーヒーが大好きだった場合、私が「治れ、治れ」とやれば「岩崎さんにやってもらったらすごく元気が出るわ」となることでしょう。けれども、私がコーヒーしか提供できないのに相手がカフェインがダメだとしたら、万人向けではありませんね。水であるならば誰でも抵抗なく受け入れられます。人間の体の八割は水ですから、誰でも良い水を飲みたいと思うはずです。

レイキのアチューンメントは簡単に言うと、「蛇口を開いて、誰でも質の高い水を流せるようになりましょう」ということです。

それではレイキをしている人がみんな同じものを流しているかというと、これが少し違うのです。蛇口の形は人それぞれです。ばーっと流れる人もいれば、ちょろちょろしか出ないものもあります。それが個性です。

例えばすごく積極的で勇気があるタイプの人もいれば、優しくておっとりタイプの人もいますね。そんなふうに、人によって水の出方が違います。軟らかめの水もあれば、硬めの水もあります。同じ水でも個性が出るのです。だからレイキを習ったからといって、みながみな同じ氣が出ているかというとそうでもないのです。「この人のは気持ちいい」「エネルギッシュで元気が出る」とそれぞれ違い、相性もありますので、自分に合う人を捜すのも大事です。ただ、コーヒーや紅茶ほどの差はないことは確かです。

念力の場合、やる側が疲れます。よく占い師やヒーラーが邪気をもらって病気になる、という話を聞きますね。結局、相手の悪い部分を取ってやろう、治してやろうとすることによって、ネガティブな波動に焦点合わせをしていくからそこに共鳴してしまうのです。自分のエネルギーを枯渇させてしまい、病気になったり、短命になってしまう人が多いと言われているのは、そこに自力や念（治そうとする思い）が入っているからです。

レイキは、自力の力ではありません。自然界に満ちている水を勝手に中継させてもらい、流させてもらっているので、基本的に疲れません。むしろエネルギーをもらって流している自分自身もバランスが整うのです。それがレイキを上手く流せている状態です。

もしレイキをやっていて疲れたら、それはどこかで自力が入っているからです。レイキを流しているつもりなのに、念力が入っているのです。

## レイキは「かめはめ波」ではなく「元気玉」

アチューンメントを受けたらそれで一生使える、というのがレイキの特徴ですが、脳が完全にレイキの周波数を定着して覚えるまでには時間がかかります。

習って気分だけを持って帰っても、三日経ったら逆戻りというケースがあります。セミナーに出たり、アチューンメントを受けたらそれで終わりではなく、**常に自然界のエネルギーに周波数を合わせる習慣をつけることが大切**になります。

習っている人の中にも、レイキを流している時に、

「この肩こりを治してあげたいと思うんですけど、どうやったら治してあげることができます

か?」と聞いてくる人がいます。

「だから、それはレイキとは違うんですよ」と私は答えます。

早くアチューンメントを受けて、早く人を治したいという人がいますが、それはレイキではありません。

自然界と波長合わせはできるようになったとしても、自分が治そう、とか、変えてやろう、という念を出さずに流すということを意識しないと、レイキはレイキでなくなってしまいます。

レイキをやっていて、相手が変わらないことに腹を立てたり、不満を覚えているとしたら、それはもうレイキではありません。

**レイキに完全にゆだねて、リラックスして、相手の結果がどうであれ、そこに捉われない状態であること――これがレイキを流している状態です。**自分はパイプにすぎず、あとはレイキにお任せという感覚です。

だからこそ、まず自分がレイキとチューニングを合わせることから始まって、手放す、ゆだねる、リラックスするというところで整えて、そこからレイキを流すことが大切になってきます。

レイキは大気中のあらゆる自然界のエネルギーを取り入れることです。わかりやすい例を挙げると、少し昔のアニメで『ドラゴンボール』（鳥山明原作）というのがあったのをご存じでしょうか？（知らない人はごめんなさい）その主人公の悟空が修行によって習得した「かめはめ波」は念力です。一方、自分のエネルギーが枯渇してどうしようもなくなった時に、「おらに元気をくれ！」と悟空が祈った時、自然界からたくさんの動植物や、あらゆる純粋な祈りの氣などが降りてきてできた大きな玉のことを「元気玉」という表現をしていました。つまり、元気玉は他力なのです。

**レイキは元気玉のようなもの**です。ところが治してやろうという力みが入ると自分の中で元気玉を送っているつもりが、いつの間にか、かめはめ波という念力を送ってしまっていることになります。ですから、レイキのこうした基本的な原理をしっかりと勉強することはとても大切なことなのです。基本を押さえておかないと、いつの間にか人を治してやろう、と自力が入り、かめはめ波になってしまうからです。

## レイキによって霊が見えなくなる？

レイキの氣というのは目に見えないエネルギーのことです。中国の気功の氣ともある意味では同じです。インドではプラーナ、ハワイではマナと呼ばれたりもしています。

氣の種類もいろいろあると思いますが、取り入れ方については大きく分けて二つの方法があります。内気功と外気功です。自分の内側で思いを込めたり、氣を練るのは内気功です。外側の氣を取り入れてシンプルに中継するのが外気功です。レイキは自然界の氣を取り入れそのまま流すという考え方なので外気功ということになります。

気功でも内気功と外気功では後者のほうが難しいとされています。自分の外にある氣を取り込むのは大変な鍛錬を必要とするとされています。自分の外の氣にゆだねなければならないからです。けれども、レイキではアチューンメントというチューニングを合わせる技法によって意識を変えることで、誰でも簡単に氣を取り込むことができるように工夫されています。アチューンメントで回路が開くと、自律神経が調整されて心身のバランスが整ったり、固定観念が手放しやすくなるだけではなく、人によっては、いろいろと不思議なことが起こる場合があります。

例えば、レイキを習いに来る人の中に「私、霊が見えるんですけど、もう見るのが嫌なんです」というタイプの方もたまにいます。氣というのは周波数があります。ラジオのチューニングを合わせるのと同じで、AMを聞きたいか、FMを聞きたいか、というふうに自分で周波数を合わせているのです。霊が見える人は、霊の世界に無意識に周波数を合わせています。そういう人がレイキについてしっかりした基礎を学び、アチューンメントを受けると周波数が変わるのです。すると本当に見えなくなったとか、金縛りに遭わなくなった、という現象が起こります。

「霊が見えるのが苦しくて神社とかに行っていたんですけど、レイキを習ってから見えなくなりました」

これは霊の世界にピントが合っていたものが、自然界のエネルギーによって調整されたのです。見える人は何も霊が見たくて見えているわけではなく、親からの遺伝や環境による場合が多いようです。

何にチャンネルを合わせるかによって、良いエネルギーを取り込むこともできれば、悪いものに近づいてしまうこともあります。レイキのアチューンメントはエネルギーの周波数を整えるチャンネル合わせのようなものなのです。

## 引き寄せの法則の極意は、「足りている」に感謝すること

レイキというのは自然界のエネルギーですから、そこに周波数を合わせるとあなたにとって、今、必要なご縁の人と出会えるようになります。ですが、引き寄せの法則で必死になり、

宝くじが当たれ！　など自力モードで何かを引き寄せようと思っていても、なかなか引き寄せられません。

引き寄せの法則を理解していない方は、願えば叶う、強く思えば叶うと思っています。けれどもそれは**「足りない」というのが前提**になっています。

結局、「愛されたい」というのは「愛されていない」ということが前提で、周波数を発しているわけです。

「足りない」というのは、「ない」が前提なのですね。

現実としては、周りからは「ある」と見えていても、本人は「ない」と思っている。「ない」からこそ欲しい。足りていないという周波数を出しているので「ない」現状がずっと続くのです。これが引き寄せの法則が実現しない、と嘆く人の特徴です。

貯金が一千万円あっても、「私、お金ないんです」と思っていたら、周りから「ある」と見えていても、その人にとってはないのです。そういう人は一億円あったとしてもお金がないのです。いくらあっても足りていない。だから永遠に「ない」のです。「ない」ことを前提としているゆえに「ない」を引き寄せているのです。

レイキはすでにあるがままで幸福で、豊かで、全部与えられていて、生かされているという自然に感謝する周波数だと私は感じています。

**実は、すでに足りているのです。**

足りていることを知った上で、こういうふうになりたい、なったらいいよね、という方向性です。自分は十分に足りているのだから、周りがもっと幸せになればいい、ということです。

なぜなら、自然界というのはみなで支え合って生きているからです。

## 「足りている」を体感する

「足りている」ということがどういう状態かは、いくら本を読んでも、口で言われてもわかりませんよね。

レイキの素晴らしさは、自然界のエネルギーに触れ、自分を浄化して満たしていく中で、「足りている」ことが実感できるということです。

私がレイキを続けてきたのは、この体感があるからです。結局、自分が本来持っている元《もと》の氣が整わない限りは、自分の周波数に合ったものしか引き寄せられないし、足りていると思うこともできません。

もちろん、私にも欲はありますし誰にでも欲はありますよね。ある程度の欲があるからこそ、仕事をしよう、とがんばることができます。ところが、必要以上に欲が強くなるとコントロールができなくなってしまいます。自然の摂理から外れるので、病気になりやすくなったり、いろいろな歯車が噛み合わなくなってきます。そこでレイキに周波数を合わせると、欲のコントロールができるようになって、手放しやすくなります。すると何が起きるかというと今、自分が与えられているものに対しての満足感が出るのです。

**欲というのは足りないから欲深くなる**わけです。

自然界に波長を合わせるということは、すでに与えられているものに対して「十分満たされているんだ」ということに気付くことです。すると幸福感が生まれ、人生のバランスが取れるようになります。

自分が欲に支配されている状態でいくら願っても、それは新たな欲を引き寄せるだけでしょう。その周波数を「足りている」意識状態に変換するのがレイキなのです。すると、満たされている状態でなおかつ本当に必要な引き寄せの法則に沿った人々と出逢い、新たな流れをつくり出すことができるようになります。

「足りている」からこそ周囲にエネルギーを与えられる人になることができるし、そういう人たちに出逢うこともできるのです。つまり、自分が変われば人間関係も変わり、自ずと世界も変わっていくのです。

◇レイキとは何かについて、この章の最後に改めてまとめておきましょう。

【レイキの11大特徴】

**1：修行からではなくアチューンメント（波動調整）を受けるとその日から誰でも使えるようになる**

臼井式レイキに限り修行から始まるのではなく、レイキはアチューンメントを受けることにより、その日からレイキとの波動共鳴が起こり、自己または他者をヒーリングできるようになります。

※基本的にアチューンメントからスタートするのは臼井式レイキとなります。

**※原則として数時間（初級のみで約3時間～7時間程度）のレイキについての講義を受講しないと正しくレイキ療法を使いこなすことはできません。**

**2：レイキを流す際には、「自分の力で何とかしよう」といった意識の集中は必要ない**

レイキ療法を行う際、自力で何とか治そう、と思う必要はありません。レイキ療法は自然界のエネルギーにゆだねて行うものであり、自分のエネルギーを流すと、それはレイキ療法ではなくなります。よって持病などがあっても無関係にレイキ療法を行うことができます。

## 3：他者のネガティブなエネルギーを受けにくいため、レイキ療法を行っても疲れない

「レイキ療法を行っているのに疲れる」というのは、無意識的に相手の不調和な波動と自動共鳴したために起こる現象です。

例えば痛みや苦しみなどに焦点をあて、何とかしてやろうと自力モードになっている場合。つまり原因は相手の不調和にあるのではなく、「自らが同調しにいっている」のだという自覚を持つことにより共鳴を回避できるようになります。

## 4：ヒーリング能力は意識して使っていれば一生涯失われない

アチューンメントを受ければいつでもどこでもレイキとつながりレイキ療法を行うことができますが、意識して使わなければ能力は無いのと同じです。意識して使っていればその能力は無くなることはありません。

**※レイキとの波動共鳴の意識を保つために、師範からのアチューンメントは簡易的にでも**

**定期的にしてもらうことが好ましいです。**

## 5：ヒーリング能力は、レイキをたくさん使うほどパワーアップする

レイキを上手く流すコツとは、自分自身がエゴを手放し、どれだけゆだねて、結果に対してお任せの境地でできるかが大きなポイントとなります。そのため、初心者のうちはレイキをさらに滞りなく中継・通過させるために手当て実践や自己鍛錬（日本伝統臼井式には呼吸法の指導があります）を積むことが有効となります。

## 6：レイキについて信じない人や動物・植物・無生物にも必要なエネルギーが流れる

動植物、飲食物などにも同様に機能するため、添加物の気になる食べ物や、副作用の気になる薬など、様々なものに対してレイキの波動で調整・浄化することができます。また物質全般や部屋などの場の浄化にも効果的に活用できます。

## 7：レイキは他の療法との相性が良く、相乗効果を生む

整体、指圧、マッサージ、自己啓発、心理カウンセリング、瞑想など。

ボディワーカー、医療従事者は自ら学んだ技法にレイキ療法を加えることにより、さらに効果を高めることができます。

ただし、「自分の力で治す」という意識を手放し、ゆだねられるかが大きなポイントとなります。
**※またレイキ療法は信仰システムではないので、他の信仰を邪魔しません。むしろ現在信仰をお持ちの方でも問題なく活用ができ、相乗効果を生むことができます。**

**8：レイキ療法の効果は、具体的である**

特に疾患、痛み、切り傷、やけど、出血など、外傷的なものについては早いサイクルで自然治癒力の働きにより治りやすくなります。
**※この8番に関しては、効果を大きく謳うと医師法に違反することとなります。ご注意ください。また飲み物や食べ物の味の変化などもわかりやすくなります。**

**9：レイキのエネルギーは、目に見えないものに同時に働きかけ、癒す**

肉体的・精神的・感情的な面にも作用していきます。

肉体以外に目に見えない意識や感情、精神面などにも働きかけるため、心を静めたり、感謝の気持ちを呼び起こしたり慢性化した思考のパターンを変化させたりするなど、自己治癒力や免疫力を高め、心身共に生命エネルギーが高まるのを実感していくことができます。

## 10：時間空間を超えてヒーリングが行える

臼井式レイキ中級講習（奥伝）でシンボルおよびマントラを学ぶことで誰でも遠隔療法ができるようになります。

遠隔療法ができるようになると、離れている方に対してレイキ療法ができるようになり、また過去傷ついた幼少期の自分自身や他者を癒したりすることが可能となります。

## 11：あなたの素晴らしい本質を開花させる

レイキと波動共鳴して生きると、ありのままの自己に自然回帰し、本来のあるべき姿、元の氣に戻り、自己実現を加速させていきます。

レイキとの響きあいの実践を通じ、気付きと目覚めが促され、その結果、人格向上、内的成長につながっていき、レイキ・エネルギーの特質と言われる『愛』『調和』『癒し』を人生で具現化する人となるでしょう。

※日本伝統式の発霊法などの自己鍛錬を行うことでより加速します。

## コラム3

コラム2で述べた、レイキのエビデンスを示す系統的レビューをいくつか紹介します。

Leeら（2008）が行った系統的レビューでは、9件の無作為化比較試験（RCT）を検証しています。このうち2件のRCTでは、疼痛と不安に対するレイキの効果が示されています。また、他の1件ではストレスと絶望感に対するエビデンスが認められています。vanderVaart（2009）によるレビューでは12件のRCTにおいて、自律神経の不調、うつ、絶望感、ストレス、疼痛、疲労感、不安感、QOL（Quality of Life; 生活の質）が改善したことを明らかにしています。つまり、肉体的な痛みのみならず、精神的な苦しみに対して、レイキの効果が統計的に認められたという研究結果です。

詳しい情報は以下の文献参照；

Lee MS、Pittler MH、Ernst E、(2008). Effects of reiki in clinical practice: a systematic review of randomised clinical trials. International Journal of Clinical Practice、62 (6)、947-54.

vanderVaart S、Gijsen VM、de Wildt SN、Koren G.(2009). A systematic review of the therapeutic effects of Reiki. J Altern Complement Med、15(11)、1157-69.

# 第4章　日常生活の中でレイキを活用する

レイキにはどんな効果があるのでしょう？　疲れを癒したり、痛みを抑えたり、美容効果があったり、コーヒーの味を薄くしたり、禁煙にも使えたり……いつでもどこでも使えるエネルギー充電器のようなレイキの活用法について語ります。

## レイキはいつでもどこでも使える急速充電器

現代に生きる多くの人は多忙な日常生活やストレスの中で、充電が切れかけたような毎日を送っています。「明日も会社に行かないと」とがんばり続け、週末の休みにひたすら寝ることでなんとか充電しては、また気合を入れて会社に行く——こんな日々の中でエネルギーが枯渇しているのではないでしょうか？　そんな時、いつでもどこでも充電できればどんなに助かるでしょう。

会社のお昼休憩の間や、パソコンをやりすぎて目が痛くなった時、簡単にエネルギーを充電できる急速充電器があれば心強いですね。自分だけではなく、周りの人にもその場でしてあげることができれば、感謝もされるでしょう。

そんな急速充電器と同じように使えるのがレイキ療法なのです。

私は充電が切れかけた時にレイキをするのではなく、**「ながらレイキ」**を勧めています。テレビを見ながら首に手を当ててレイキを流す。パソコンをやりながら頭や目に手を当てる。こんなふうに、いつでもどこでも、何となくレイキを流してみましょう。すると、常に充電状態になって、疲れにくくなります。暇があったらどこかに手を当てることがレイキの実践練習にもなります。

レイキを習得したら、**まずはセルフヒーリング**です。自分自身を癒すことで、レイキを実感し、自分自身を浄化できるのです。こうしていつもパイプをきれいにしておけば、いざという時、人にも濁りのないレイキを流すことができます。

確かに、他の人にレイキ療法をしてもらったほうが気持ちいいかもしれません。これはマッサージでも同じです。ただ金銭的にも時間的にも毎日人にやってもらうことは難しいでしょう。日常はセルフヒーリングの習慣をつけつつ、できたら月に一回くらいはプロの人や同じレイキ仲間が集まる練習会などでやってもらいましょう。

日常から自分でプチ掃除はしておいて、大掃除は誰かに手伝ってやってもらうのが理想的です。

## レイキの美容効果

レイキをしたからといって、どんな病気もすぐになくなるとか、改善するというものではありません。**レイキはあくまで、自分自身の自然治癒力を高めるお手伝いをするエネルギー**なので、結果はその人次第です。ただ、自然治癒力が高まることによる様々な恩恵や効果がありま す。

私はレイキを習う前は慢性胃炎と慢性頭痛をずっと持っていました。胃薬と頭痛薬は常用していて、毎日欠かせない状態です。ところがレイキを学び出してから――意識や環境が変わったこともあるのかもしれませんが――まったく薬を飲まなくてもいいようになったのです。自分の中のわだかまりやストレスが頭痛や胃痛をいつも引き起こしていたのだな、と改めて思います。レイキをすることで私の中の余分なものが洗い流されたのですね。

レイキの効果が目に見える形で、すぐに出るケースもあります。例えば私の場合、虫さされとか、切り傷とか、心因性のものがない外傷にレイキをすると、治る周期が早くなるのです。

例えば、蚊に刺された箇所をかゆいからと掻いていると腫れ上がってきて、さらにかゆくなりますね。そこで刺された箇所にレイキをするとどうなるかというと、かゆいのはかゆいのです。腫れてくるのも同じです。ただ回復するまでの周期が早いのです。発生してから治るまでが加速するのですね。

お肌にも効果があります。レイキを流し、リフトアップもできるようになります。つまり、レイキは、アンチエイジングにも使えます。

もちろん、年齢と共に人は老いていくものです。生があって死がある。それは免れないところです。レイキをやったからといって、五十代、六十代の人が十代の人のようにピチピチになっていくかといったら、それは違います。けれども、レイキをしていると心がポジティブになり、若返るのです。

私は元々エステティシャンだったのですが、化粧水をつける時にも、ただつけるよりもレイキを流している意識でやると肌の張りが全然違います。これは驚くほどに違うので、レイキ実践者の方はぜひ試してみてください。レイキは美容にも効果があるのです。

## レイキによって禁煙する

レイキは、一般の人が思うよりはるかに万能で、日常の中で何にでも使うことができます。

例えば、部屋を浄化したいという時にも使えますし、飲んでいるコーヒーが濃くて苦いという場合でも、レイキをすると薄くなります。そう、**不思議なことに味が変わる**のです。

基本的にレイキは浄化する作用を持つので、味が濃くなるのではなく薄まる作用が起きます。酸っぱいとか、苦い、辛いというのが、レイキをすると薄く、まろやかになるのです。これは確実で、やればやるほどまろやかになります。初級を習った人にコーヒーを二杯用意し、一杯だけレイキをしてから飲み比べてみてください、とお願いしています。すると明らかに違いがわかります。

私は苦いコーヒーが飲めないのですが、カフェでたまに苦いのが出ると会話しながらでもカップに手をかざし、味を薄くして飲んでいます。もちろん、わざわざ人にそんなことは言いませんが、何気なく私がカップに手をかざしていたら、それは濃いコーヒーが出てきたということです。お酒にレイキをして飲むと薄くなってまずくなるので、アルコールが好きな方はお酒にレイキはしないという逆バージョンもあります。

私は以前、煙草を吸っていたのですが、煙草にレイキをするととても軽くなります。それで、しばらくは煙草を軽くして吸っていました。

前章で述べたように、私は小学校六年生から煙草を吸っていたので（改めて文字にして書くとすごい話ですね）、なかなかやめることができなかったのです。というよりも、やめる気も、その必要性も感じなかったのですね。ところが今は吸わない方が多いし、吸う場所もなくなってきたので、喫煙者としては居心地が悪くなったことに気付きました。また、レイキの講師が煙草の臭いをぷんぷんさせてやるのもどうかな、と思ったのです。それで臭いが気になるので講座の時は吸わないようにしていました。

ある時、吸えない場面で「吸いたい」と思った自分がいました。それで嫌になったのです。吸えない場所で吸いたいと思わない自分になりたい、吸える場所だけでスイッチが入ればいい。そんなことも調整できない中毒性は嫌だ、と思いました。

「煙草をやめるというより、煙草がまずくなって吸いたくなくなったら一番いいのになあ」

レイキでは**念達法**という自分の思い込みや悪い習慣を変える技法があります。そこで私は煙草を吸う時、「煙草がだんだんまずくなっていく」という念達をしました。すると本当に煙草がだんだんまずくなっていって、日に日に本数が減っていったのです。

ある日、風邪を引いて咳が出ていた時に、「なんちゃって禁煙してみよう」と一日だけ禁煙してみました。するとその日は、一度も吸いたいと思わなかったのです。それで次の日もしてみると、まったく吸いたくありません。小学校六年生から何十年と煙草を吸っていたヘビースモーカーの私が、レイキで煙草を軽くしてから、半年ぐらいで**禁断症状なくやめることができたのです。**私が煙草をやめられるのは奇跡だな、と思いました。

この念達法はダイエットにも活用できますね。「ご飯がまずくなる」と念達をすれば食べる量は自ずと減ります。ただ、食べ物は感謝していただくほうが良いので、おやつや甘いものが大好きな人は、そちらに念達をすれば効果があると思います。

アチューンメントを受けるだけで煙草を吸えなくなった人はたくさんいます。体が受け付けなくなったというのです。おそらく、自然の氣を取り込んで体の中に流すことで、異物を受け入れなくなったのでしょう。レイキをすると、考え方だけではなく体質も変わってしまう方もおられるのです。

## 自分の部屋をパワースポットにする方法

レイキとつながれば、自分の部屋をパワースポットにすることもできます。

例えば、私の住んでいる大阪は東京よりも緑が少ない土地です。当然、自然界のパワースポットは減っています。減っている中だからこそ、周波数を自然界に合わせて、その場をつくるという必要性が出てくるのです。

自分の部屋をパワースポットにするためには、まず自分自身がレイキとつながる必要があります。レイキとつながるということは、あなた自身がパワースポットになるということです。


**あなた自身がパワースポットになるためには、最低でも次の三つの流れでレイキを学ぶ必要があります。**

**1　レイキの原理を学ぶ。**

**2　自分の周波数を調整してもらうためにアチューンメントというチューニング合わせ（レイキの意識伝授）を受けることで、レイキにつながることができるようになったということを脳に思い出させる。**

**3　意識の周波数をレイキに合わせる実践練習を行っていく。**

この三つを踏まえれば、すぐにレイキが使えるようになります。

では3つ行ったうえで実際にどんなふうにレイキを取り込むかというと、まず意識を頭頂に持っていきます。自然界の大気中にある空気に意識を向けていって、心の中で「レイキ、レイキ、レイキ」と言霊のように唱えるのです。

「自然界に満ちているエネルギーと私はつながります」と心の中で唱えることで脳がその方向に意識を向けます。すると心身がゆるんできます。ゆるむと手から温かいぴりぴりした氣を感じるようになってきます。

氣は、目や手や口から出ます。目力《めぢから》というのは気のことです。意識と波長合わせしているだけで手がもわもわ、じんじん、ぴりぴりしてきます。

氣を感じ出したら、もうレイキと波長合わせしているという状態になります。これは、パワースポットの場所に行って、氣を取り込んでいるのと同じです。

普段、人は氣というものに対して蛇口を閉めているので、エネルギーを感じ取れないのです。それではなぜパワースポットに行った時に氣を取り込んで元気になれるかというと、パワースポットの氣を感じよう、取り入れよう、と意識が氣に向いて開いているからです。つまり、蛇口が開いているのです。

ご神木に手をかざして、「手がびりびりする、気持ちいい」とよく口にする人もいますね。これは意識が大気中の氣に周波数を合わせているからです。ところが、多くの人はそこで感じて終わりなのです。気持ちいい、というだけで取り込むまではなかなか難しいのですね。これはとてももったいないことです。

レイキはいつでもどこでも氣そのものにつながり、取り入れることができる技術です。あなたの蛇口を開くことで、あなた自身を氣で満たし、人に与えることも、その場をパワースポットにすることもできるようになるでしょう。

## ペットにも流すことができるレイキ

レイキは、人間だけではなくペットなどの動物にも効果的に働きます。むしろ、人間よりも主観的な思い込みや固定観念がない分、レイキの効果をはっきりと認めやすいかもしれません。

レイキを習い出した当初、私はビーグル犬を飼っていました。十二歳で亡くなったのですが、十歳の時に脊髄のところに腫瘍があるとわかったのです。骨肉腫かどうかは普通のレントゲンでは見えないのでわかりませんでした。後ろ足が不自由になり出し、ＣＴやＭＲＩを撮ってもらったら腫瘍があるのがわかったのです。

「手術をすれば百万円くらいかかるけれども、治るかどうかはわかりません」と言われました。「開いて取ってみないとわからないんですよ。年齢的にも十歳の犬だから、手術したところで三カ月後に亡くなるかもしれないし、半年後かもしれないし、三年後まで生きるかもしれない。ただこのままほうっておいても、余命は二、三カ月です」と先生に告げられました。

私にとって、その犬は子供のように大切な家族です。究極の選択でした。

大金を払って病院に預け、痛い想いをさせ手術し三カ月後に亡くなってしまったら、私の中に後悔が間違いなく残ると思いました。金銭的なこともありましたが、家族の生死に関してお金のことよりも苦しんで、痛がって死んでほしくない、できるだけそばに付いてあげて苦しみから解放してやれるようにしてあげたい、という思いが強くあり、手術を断る決心をしました。

私は、その日からレイキしかないと思いました。それから毎日、その子にレイキをするようになったのです。

**レイキというのは自分の思いを込めずに、自然の氣にゆだねて流すものです。**けれども自分の家族となると、治ってほしい、苦しさをちょっとでも減らしてやりたい、と思いが強くなってしまいます。私は、知らず知らずこの過ちを犯していました。

自分の思いを込めてやると、一時的には落ち着くのですが、また少し時間が経つと苦しみ出すということを繰り返していました。

その時、動物病院からモルヒネの注射をもらって愛犬に自宅で打っていました。注射を打った時は痛みの発作は治まるのですが、薬が切れるとまた痛がって鳴きます。薬の副作用で嘔吐をしたりもします。それを見ているのが辛くてレイキをすると、その時は落ち着いて眠るのですが、やめてしばらく経つとまた苦しむのです。レイキをやっていてもモルヒネと効果は変わらないのを見て、「私、レイキ流せてないな」と思っていました。

ある時、「この子にレイキをしようと思っても上手く流せないのなら、私が寝る時に横に置いて、抱っこするように寝てみよう。それなら思いが入らないから自然にレイキが流れるかもしれない」と気付きました。

それから一緒に抱いて寝るようになると、徐々に痛みで苦しまなくなったのです。腫瘍は消えてなくならなかったし、完治もしなかったのですが、苦しまずご飯も食べるようになりました。ただ脊髄のところにできた腫瘍だったので、このままだと一カ月もすれば歩けなくなり、その二カ月後には亡くなります、と言われていました。

確かに後ろ足は完全に歩けなくなりました。しかし、それでも元気なのです。ご飯を食べるし、前足でしか歩けないのに散歩も行きたがるし、痛がらなくなったのです。

レイキをすることによって、必要な流れが起こったのだな、と私は感じていました。結局、手術をすることなく、介護は必要だったものの元気に二年間生きてくれました。最後は、私のそばでじっと顔を見続け、ありがとう……と言っているようでした。その後、眠るように静かに息を引き取りました。

私は、レイキに感謝しました。癌が消えたり、腫瘍がなくなったわけではないけれども、苦痛から解放され、余命三カ月と言われていたのが二年間、与えられた寿命をまっとうすることができたのですから。

私は与えられた寿命を心安らかに生きるということと、病気が治ることは別だと思います。与えられた寿命をまっとうすることが本当の治癒力だと学びました。

このビーグル犬は、「なな」という名前でずっと一緒に居てくれた子供のような存在でした。ななは私にすごく大きな気付きを与えてくれたのです。亡くなってしばらくの間はななのエネルギーをふと感じることができました。きっと心配してそばに居てくれたのでしょう。

## 心の傷を癒す

レイキは、はっきりとした症状のある病気に対しても自己治癒力を高める作用がありますが、目に見えないものを癒すのにも有効です。

が、**レイキを流していると、心の傷が早く癒える**のです。

例えば、強烈な失恋をしたとします。普通は人間不信になってなかなか立ち直れないところが、レイキと日常からつながっていると、逆に学びとして捉えて次にいってみよう、というふうに前向きに捉えることができたりします。私にとってななの死も同じです。レイキによって心の自然治癒力、免疫力が高まると、この苦しみがあったからこそ、今、私はこういうふうに成長できたな、という考え方ができるようになっていきます。

私の別の例を挙げると、父との関係です。身内の恥をさらすようで気がひけるのですが、父とは一緒に暮らした記憶もないのに、長い間、お金の無心をされてきました。それでも、子供の時に何回か遊びに連れて行ってもらったことがあるので、記憶の中の父親は大好きなのです。優しくて、怒らない、遊びに連れて行ってくれる良いお父さん、というイメージです。ただ一緒に住んでいないので、子供の中では「私は親に愛されていないんだ」という愛情に飢えた気持ちもありました。その気持ちは大人になっても無意識の中にあり続けたのでした。それが結果的に、親に愛されるためにお金を払い続けるという行為を無意識にしていたのです。

実は、父もお金のためだけに私にコンタクトしてくるわけではないのです。お金を貸してほしい、というアプローチでしか、離婚して母親に育てられた娘と関係性を保ち続けることができないので、だめな父親という役割を無意識に続けてしまっていたのでしょう。私は私で父に対して文句を言いながらも、やはり心配して面倒を見てしまうのです。それでいつも「いいかげんにして！　これが最後やで！」などと言いつつも、相手に依存していたのです。父も、「いつもすみません」と情けなく謝りながらも「お金を借してください」と言ってきます。そうした不毛な依存関係が長い間続いていました。

レイキをやっていけば、父親への愛を求めるというこうした感情も癒されるはずだと思っていたのですが、なかなか癒されません。傷は、深いものであればあるほど癒されるのに時間がかかります。何しろ三歳くらいからの何十年間の心の傷なので、自分では忘れていたつもりが、実は忘れていなかった状態でいつまでも潜在意識の中にあったのです。そんなこともレイキを続けていると、**それを修正する段階に来た時には向き合うことができるのです。**

私はある時、「もうお金を貸せないよ」と父に言いました。

それまで、世話をする係の娘と世話をされる係の父親という癒着の関係で私たちはつながっていました。まさに共依存です。

「私、仕事が上手くいかなくなったから、もう今までのようにお金がないんです」と私は嘘を言いました。本当は、仕事は順調でしたが父に初めて嘘を吐いたのです。「だから助けてほしい。今まで貸したお金を返してほしい。少しでもいいから、気持ちでもいいから返してもらえないと私はやっていけない」そう告げました。

すると、父は一変しました。

お金を貸してくれ、とはまったく言わなくなったのです。父はお金が本当に無いので返してはくれないのですが、九州に住んでいるということで明太子を送ってきたり、何かと私に気を遣うようになったのです。「してもらう」側から「ちょっとでも何かしてあげたい」「助けてあげたい」という意識に父が変わったのです。

それまで、私は「嘘を吐くということは絶対にだめなことだ」と思い込んでいました。ところがそれがある段階で「いいや」と思えたのです。そこまでして自分の中の真実を貫き通さなくても、お互いの関係がベストになるのであれば嘘も方便で良いと思えたのです。関係が逆転した時に、自分の中の思い込みである「親を助けなければならない」「嘘はいけない」という固定観念も手放せたのです。

**固定観念からの解放**――これもレイキから学んだことです。

もちろん、親子関係を変えるということは簡単なことではありません。私のように長い間レイキを教える立場にいても、父親との共依存の関係は長期間続いていたのですから。

それでも、ある段階で急にシフトできたのは、自分の中に許しができたからだと思います。一生懸命やってきたし、もうこれ以上親を背負わなくていいじゃない、と自分を許せたのです。そしてそれをはっきりと表現した時に、関係ががらりと変わったのです。

**「ねばならない」という固定観念を捨てる**ことができた時に初めて、正しい表現ができることがあります。私は父との人間関係の変化と共に、異性との恋愛関係も「**共依存**」ではなくお互いに助け合い、信頼し合える関係へと成長しました。

レイキには治療的側面もあれば、自分の心を癒す、固定観念を取り除くという精神的な側面もあります。両方あるのがレイキなのです。

## レイキとつながると感情が早く静まる

レイキとつながると、自分をもう一人の自分がすごく客観的に観察している不思議な感覚になります。「今、私うろたえているな」とか「感情的になっているよ」とか、「これも幼少期から我慢していた寂しさが今、浄化で起こっているんだよね」とか、高い波動の自分が、生身の自分を観察しているような感じです。そんなふうに観察していると、感情が激しく揺れていても、すぐに静かにすることができます。

振り子を想像してみてください。嫌な出来事も、良い出来事も、どちらも振り子が揺れている状態です。エネルギーで言えば、波を打っている状態です。人間の心は、この振り子が常に行ったり来たりして、なかなか静まりません。常に揺れているのです。

例えば、草木や自然界のものはあるがままに存在しています。晴れであろうが、嵐であろうが、春夏秋冬の変化に合わせて、自然体です。桜の花も春にはきれいに咲くけれども、夏になったら緑の葉になって、秋になったら紅葉して、冬は裸の枝になる。ただあるがままに存在していますね。自然の変化に合わせて、ありのままです。

私たち人間は、出来事によって一喜一憂して波打ちます。その感情のシグナルに素直に耳を澄まし、自然界のエネルギーと同調するようにありのままを受け入れると、不思議なことに心が静かになります。つまり、振り子が静まりやすくなるのです。

揺れている振り子は、静まった状態の時に初めて、自分自身の姿をはっきりと見ることができます。「揺れているよねぇ」とか、「苦しんでいるよね」とか、「あの人のこと本当は好きでしょうがないんだ」と、もう一人の自分が自分を眺めることができるようになるのです。

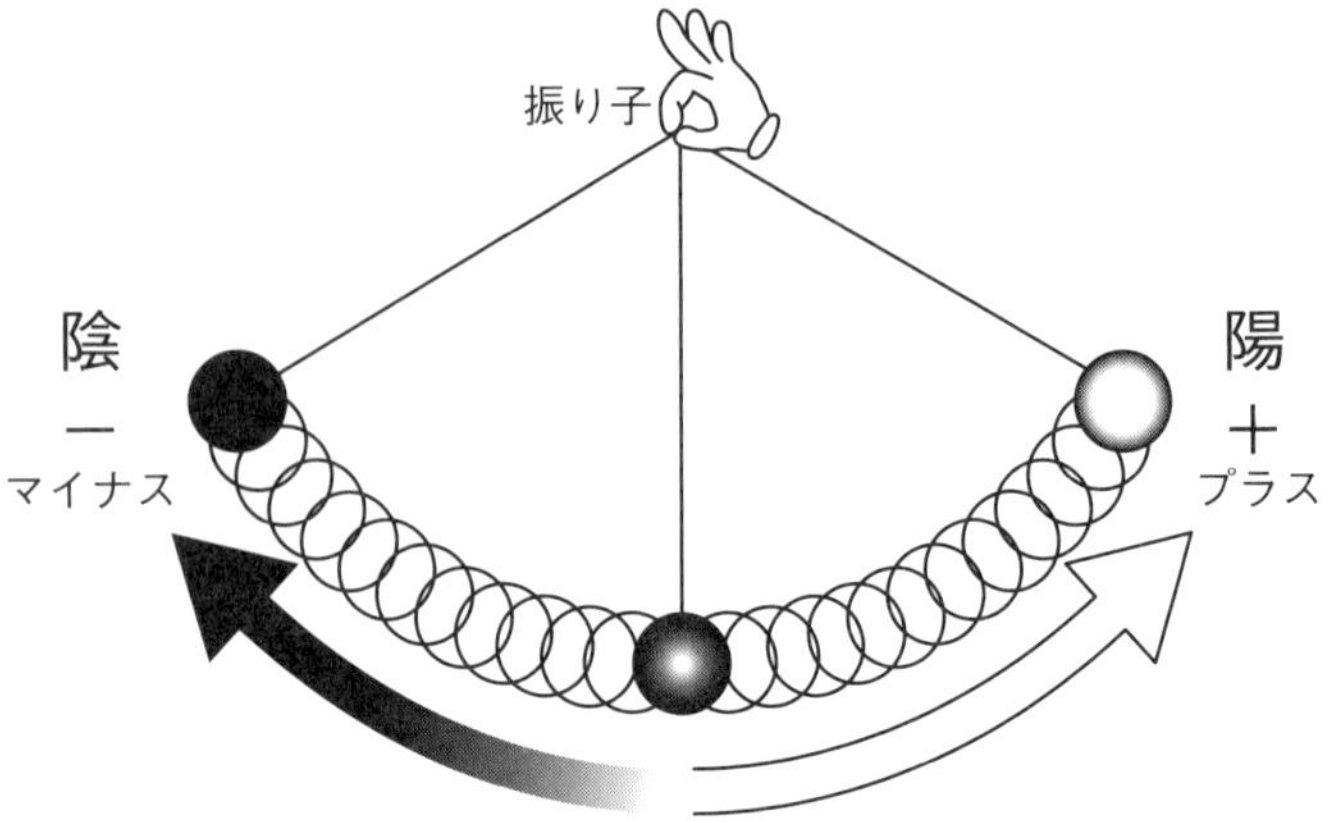


感情や出来事により誰でも振れる。
片方にだけ振り子が振れることはない。
（陰だけや陽だけはないということ）

それがネガティブなものであっても、ポジティブなものであっても、それがあなたの「ありのまま」です。その「ありのまま」を否定するのでもなく、肯定するのでもなく、ただ眺めて受容することがコツです。禅の世界やヨガの世界でも同じ原理があると思います。どうにかしようとせず、いじくることなく、ただそのまま味わうということです。

原因や問題、苦しみは外側からやって来ると人は感じます。問題が起きている時は自分は犠牲的な意識で、加害者は社会であり、世間であり、相手であるという意識になりがちです。けれども、自分に被害者意識があるから周りが加害者になるのであって、これも引き寄せているのです。自分が被害者だから、加害者を必要とするのです。

まずは自分自身がどんな波動を発しているかに気付くことです。その軸にあるもの——つまり、ありのまま——に気付くことが一番難しいのです。けれども、自然界の高い波動とつながることによって、ありのままの自分の姿に気付きやすくなっていきます。

「気付く」というのは、どういう意味か知っていましたか?「気＝エネルギーが付く」という意味なんです。

気付くということは、「思い出す」ということともつながります。つまり、元々、私たちは深いところではすべて知っているのだけれども、日々忙しくて現状に振り回されて忘れているだけなのです。

心が静かになれば、人は元々ある大事なものを思い出すのです。それは私たちが本当は満たされていて、愛されていて、生かされているのだ、という実感からやって来る感謝の気持ちです。

## コラム4

アメリカではレイキは大学で研究されているだけではなく、すでに多くの病院で代替医療の一つとして認められ、実践的に使用されています。

米国のレイキ・リサーチ・センターのサイトでは、レイキを実践している76軒の病院やクリニックを紹介しています。このサイトでは、それぞれの病院やクリニックにおける、レイキの実践方法を具体的に説明しています。

病院ではボランティア・ベースの実践が多いようですが、それぞれの病院が独自の実践ガイドラインに基づいてレイキを提供しているということ自体が、我々日本人の感覚からすると驚くべきことではないでしょうか？

例えば、レイキの施術者についても病院のサイトで紹介されているのです。つまり、患者にレイキを実践できる人のレイキのトレーニング・レベルなどまで説明されているのです。このように、欧米においてレイキは医療施設でも抵抗なく受け入れられています。

日本でもレイキの効果が専門家によって認められ、病院などの代替医療の一つとして組み込まれる日が来るといいですね。

Hospital and Clinic that offer Reiki Treatment；内容を見るには会員登録（無料）が必要です。

http://www.centerforreikiresearch.org/HospitalList.aspx

# 第5章　レイキから学ぶ、安心立命の道

レイキには健康法と精神性向上の方法という二つの顔があります。初級、中級、上級講座の内容を簡単に紹介しながら、遠隔ヒーリングやシンボルの意味、臼井式レイキの目標である「安心立命」の道とは何かについて語ります。

## 安心立命を目指そう

レイキには二つの顔があります。**治療法としてのレイキ療法と精神性向上のためのレイキ法**です。

西洋式レイキは治療のテクニックという形で発展し、日本発祥の臼井式レイキは精神性向上のための意識改革というところで再発見されました。

私自身は現在、レイキ療法というよりもレイキ法に強く共感を覚えています。この章では、レイキ法とは何かということや、具体的にどのようにすればレイキを通して安心立命の道に辿り着けるかということをお話ししてみたいと思います。

臼井甕男先生は、元々悟りの境地に到達したところから、レイキというエネルギーの使い方を体得しました。レイキを弟子に伝授しつつ、レイキを通して悟りに至ればいい、という教え方をしていたのです。

レイキには五戒の教えというものがあります。

**今日だけは**
**怒るな**
**心配すな**
**感謝して**
**業を励め**
**人に親切に**

私がレイキによって救われたのは、どちらかというとこうしたレイキ法の教えの部分だと思います。しかし、現在、広まっているレイキは西洋式レイキがベースになっているため、レイキ法の教えというものが伝授されていないところがほとんどなのです。

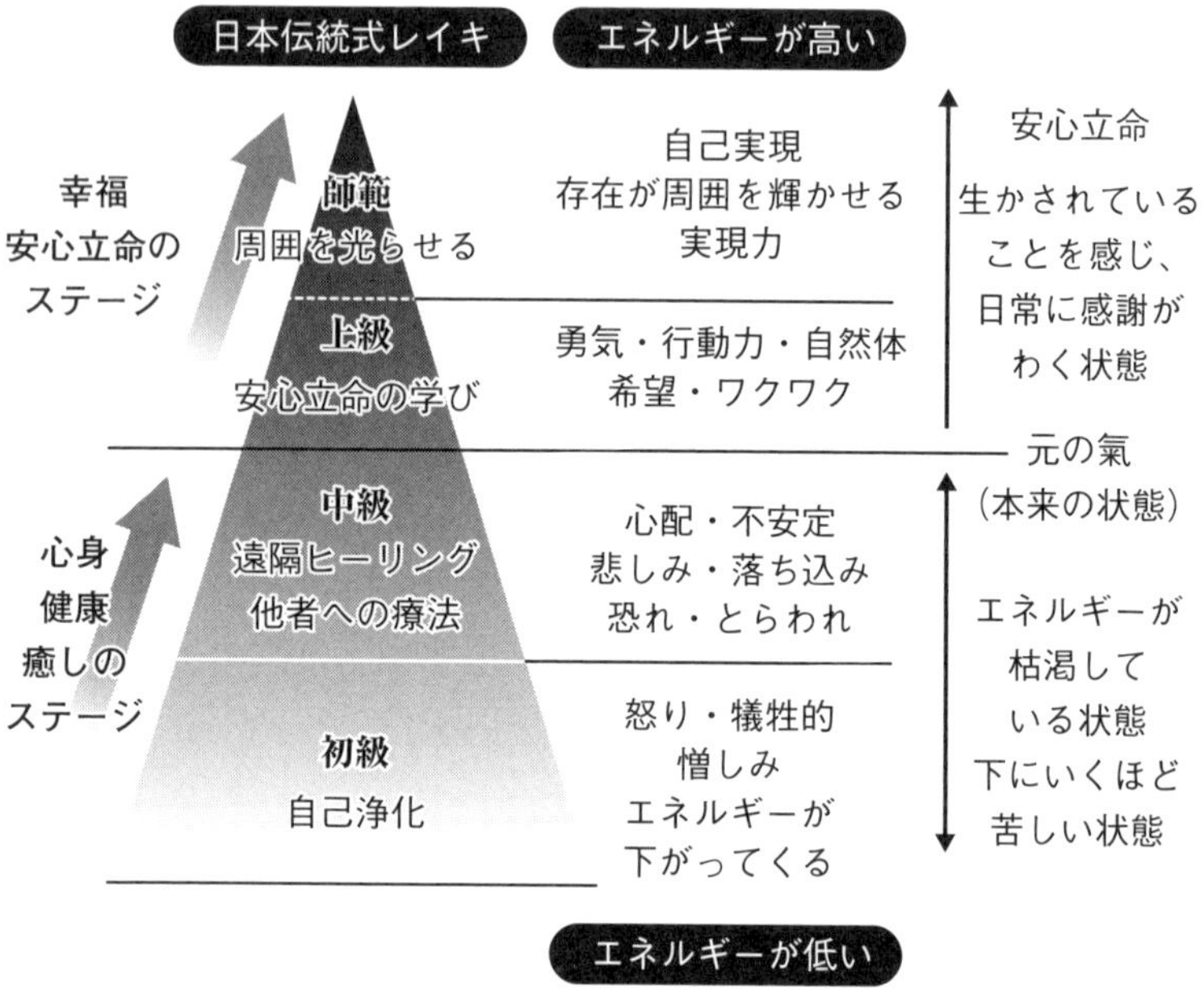


レイキに出会った当時、私は精神的に参っていて心身症になっていました。それが癒されただけではなく精神的なところから変えていく安心立命の教えを探求していくことによって救われたのです。こうした経験からレイキ法を軸にした上でレイキ療法をやっていくのが一番統合された、バランスの

良いレイキだと考えるようになりました。

最初は「頭痛を治したい」というくらいでレイキに興味を持つ人もいるかもしれません。けれども、なぜ頭が痛くなるのかというところに意識を持っていかないと本当の癒しにはならないのです。頭が痛いのを治そう、というのはまだ枝葉のところです。本当の癒しは、もっと深い部分にあります。レイキの教えは哲学だと私は思います。学べば学ぶほど深いのです。

この章では、これまで私が伝授してきたアチューンメントから安心立命に至るレイキ習得法の基本的な流れを段階を追ってご紹介したいと思います。

## ◇初級

### レイキとつながる三つの呼吸法

まず初級の講座では、レイキとは？　氣＝エネルギーとは？　エネルギーの法則性などを講習し、その後アチューンメントを受けていただき、レイキとつながります。波長をレイキに合わせ、体内に取り入れる方法を学ぶのです。

アチューンメントの後、レイキの流し方を学習します。

手の当て方→邪気を切る方法→部屋の浄化→食べ物・飲み物の浄化→動物・植物へのレイキ→自己ヒーリングといった流れです。

自己ヒーリングではまず頭部から始めます。手の当て方を覚えたら人に行ってもいいのですが、まずは自分自身を浄化していきます。

次に、レイキとつながるための三つの呼吸法を学びます。

**①浄心呼吸法……オーラをクリアにし、浄化を加速し意識波動を高める**
**②合掌呼吸法……精神統一法、レイキを頭頂から丹田に降ろすイメージ**
**③レイキシャワー……レイキを浴びて肉体、オーラを活性化するグランディング法**

この三つの呼吸法のポイントはすべて腹式呼吸です。鼻から吸って、丹田に溜めて、口からふーっと吐く。吸う時には、ただ腹式呼吸を行うだけでなく、アチューンメントを受けた方がレイキを取り込む意識を持って行うのとでは効果が全然違ってきます。ただ吸って吐いてという状態と、吸う時にレイキが頭から入って全身に広がっていくイメージをして、吐く時にレイ

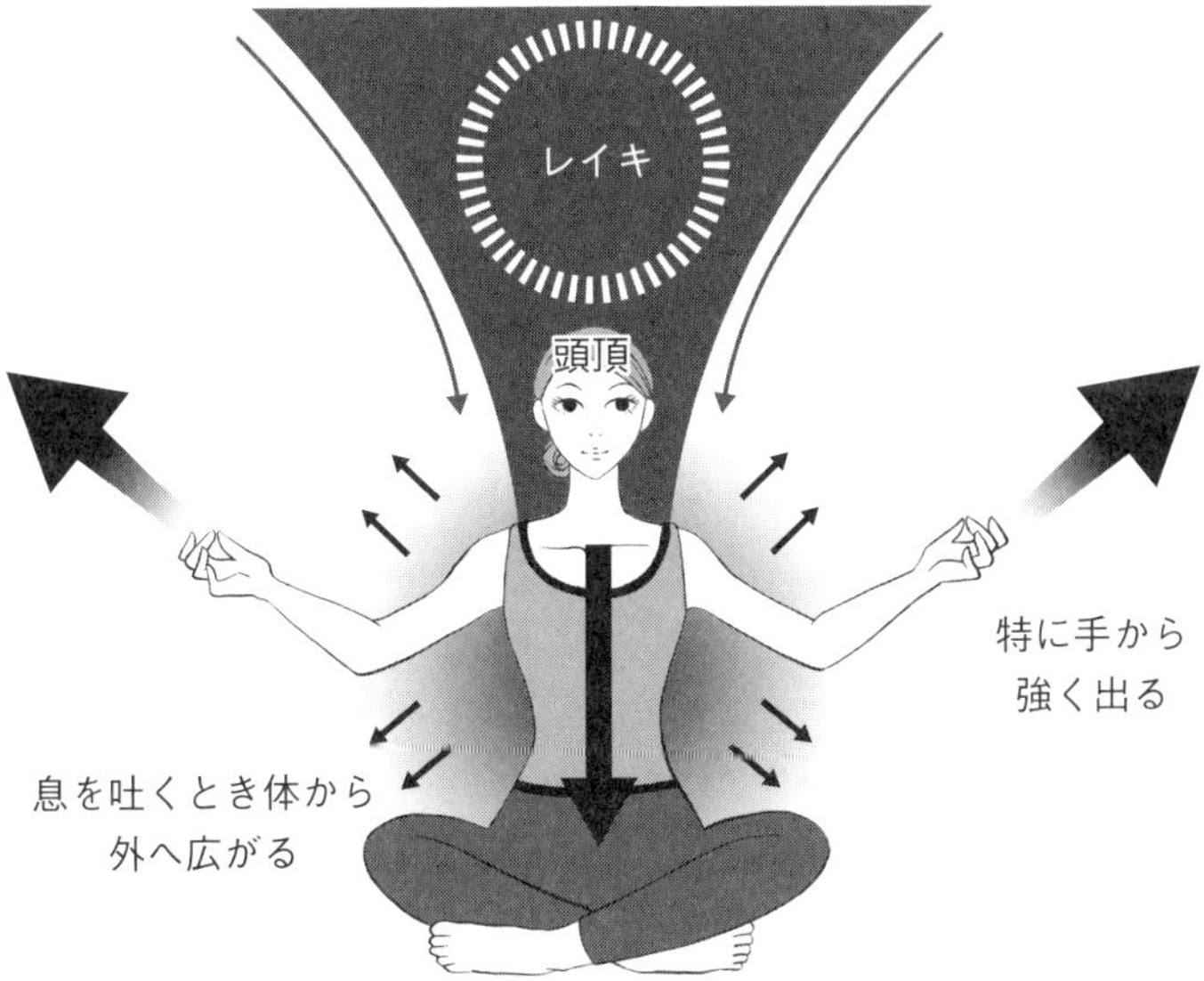


キが四方八方に広がっていくイメージで行うのとでは、氣の通りやリラックス具合がまったく違ってきます。レイキを全身に満たしていくのです。

初級講座を受けた後は、二十一日間の自己浄化期間があります。今までレイキに周波数を合わせたり、取り入れたりということを考えたこともなかった人がいざやろうと思ったら、身につける期間が必要になります。また、学んだことを脳に習慣化させるのに最低二十一日間はかかるとも言われています。つまり、三週間、講座を受けた後に自分自身で基礎づくりをするわけです。

まず自分自身を癒し、自己浄化するセルフヒーリングの期間を経てから、中級講座を受けることをお勧めしています。

◇中級

## シンボルとは、エネルギーを純粋なものにする道具

二十一日間の自己浄化期間が終わったところで中級の講座を受けると良いでしょう。つまり、初級から中級の講座を受けるステップの理想は約一カ月後くらいです。

一日で初級、中級と受けさせるところがほとんどのようですが、レイキの原理と呼吸法を学び、次のステップにいくためには本当は一日では難しいのです。基礎固めとしてはやはり二十一日間の実践訓練、自己浄化が必要だと思います。レイキとつながる習慣を身につけるのが初級のベースです。これをやらずに次の中級にいっても、しっかりと習得できないのです。何事も、基礎が大事です。

初級で氣を感じる能力があまり発達しなくても大丈夫です。中級講座ではほとんどの方が発達します。

中級講座で学ぶ内容は、**シンボル、マントラ、遠隔ヒーリング**です。臼井先生の時代には中級講座は奥伝と言われ、前期で、性癖治療法、後期で遠隔治療を伝授していました。現在は、中級講座ですべてまとめて教えます。西洋式ではセカンドディグリーと呼ばれています。

ここで初めて、他者へのヒーリングも積極的にやっていくことが勧められます。

三つのシンボル、マントラというものを中級講座では勉強し、最後の上級でもう一つのシンボル、マントラを勉強します。つまり、臼井式レイキでは四つのシンボル、マントラがあります。

シンボル、マントラとは何か？　ということを私の講座ではしっかりと教えています。

このシンボル、マントラは、初めて聞く人からすると、「怪しい」と思うかもしれません。

臼井先生も秘伝のものとして口伝で弟子に教え授けたものなので、一般的に公表するというのは教えの中にありませんでした（本書でも公表はしません）。

レイキを習いに来られた人の中で、シンボルをインターネットで見たという方がいました。それで使ってみたということですが、「はっきり言って全然わかりませんでした」と言います。これは当然のことで、きちんと使い方やエネルギーの違いなどの指導を受けていなければわからなくて当たり前なのです。初級、中級を対面で師範から直接学び、準備ができてから使うことで初めて実感できるものなのです。

それではシンボルとは何でしょうか？

大昔、私たちが原始人の時に言葉というものはなかったと思います。形にないものを形として表現し共有するものに対して言葉というものができたのではないでしょうか。ですから、実は、言葉もまた一つのシンボルなのです。元々、象形文字というのはシンボルのようなもので、漢字もまた一つのシンボルです。「ありがとう」と書かれた紙があれば、感謝されたんだ、とわかるのはその言葉の形が一つの感情の形を表現しているからです。

例えばお寺に行くと仏像があります。仏像もまた感謝の対象として拝むために象徴的な形として作られたものです。これもシンボルです。形にないものを形にする。目に見えないエネルギーを形にして感謝するために作ったのです。

マントラというのは音の響きですが、これは耳に聞こえるシンボルのようなものです。波の音や音楽で癒されたり、「ありがとう、助かったわ」と言われるだけで気持ちが高ぶったりというのと同じことです。音の響きにもエネルギーが共鳴してパワーアップする作用があります。

つまり、**シンボル、マントラというのはエネルギーの作用を目に見える、耳に聞こえる形に**

**することでより繊細で、純粋なものにするためにある**のです。

初級講座のみ受講された状態では、エネルギーがまだ雑なのです。レイキとつながっているつもりが、「治れ、治れ」と半分無意識で念も入っていたりします。つまり、純粋な水を蛇口から流しているつもりが別のものを流している可能性があるのです。

中級ではシンボル、マントラによって、できるだけ純粋な水に切り替え、エネルギーを流せるようにすることを学びます。

シンボル、マントラは意識転換の道具で、特別なお守りや護符のようなものではありません。

## 遠隔ヒーリングは祈りのようなもの

シンボル、マントラを学ぶことで**遠隔ヒーリング**もできるようになります。また、自分の過去や未来に対しても浄化を込めてエネルギーを送ることもできます。

遠隔ヒーリングというと、どうして離れている人にエネルギーが送れるのか？　という疑問が出てくると思います。パワースポット（自然界の純粋な高波動エネルギー）をレイキというのはわかった。けれども、自分がパワースポットになったとしても、遠くの相手にそのパワーを送るというのは現実的ではないのではないか？　と感じられる方もいるでしょう。

そんなに難しく考える必要はないのです。遠隔ヒーリングはスマホのメールだと考えてもらうとわかりやすいかもしれません。例えば遠方に住んでいる友人のことがふと気になり、メールで「元気？」と送るとします。すると「元気だよ」と返ってきます。これは人工的に作った電波でやり取りしています。けれども私たちは目に見えない周波数を感じています。つまり、「あの人、どうしているだろう？」と思った瞬間に相手とつながっているのです。

ふと相手のことを思った時に、相手から電話がかかってきたとか、数日後に道でばったり会ったとか、そういうことはよくあると思います。これはどこかで周波数が合っているからなのです。偶然で片付けてしまいがちですが、それを意識的にできるということを知り、おかしな周波数ではなく、純粋な意識波動とつながることができるようにシンボルを間に入れて使うのです。

つまり、**シンボルは携帯やスマホのようなもの**です。時空間をシンボルで超えるためにこれらを学ぶのです。

元々臼井式では「空間」を超えるため遠隔ヒーリングを教えていました。海外に渡って、西洋式になってから「時空間」――つまり、「時間」という概念が追加されたのです。この場合、時間というのは過去や未来を表します。過去や未来をも癒していこうという意味から、時空間という発展系になったのです。

それでは過去や未来を癒すというのはどういうことでしょうか？

過去のことはトラウマを癒すということでわかると思います。それでは未来を癒すとはどういうことかというと、例えば試験を控えていたり、大きな舞台で発表会があるとします。緊張して仕方ない。西洋式の考え方だと、そこで成功しているイメージをして、その場面に遠隔でレイキを送ります。

ですが、私は未来のヒーリングは行いません。臼井式レイキ五戒の教えとは「今日だけは怒るな、心配すな」という形で始まります。つまり、**今、この瞬間に焦点を置いています**。過去や未来に捉われず、今の積み重ねが明日の未来にもなっているし、今の言動がすでに過去にもなっている。**今ここで自分がどうあるかがすべてという教えなのです。**

もちろん、子供の頃などにあまりにも過酷な体験をして、愛されない、認められないといったイメージが強烈に入っていると、今現在の思考のパターンにゆがんだ形で組み込まれてしまいます。そういう出来事が要因だと気付いた時には、過去の遠隔ヒーリングは意味があると思います。

私が指導するやり方としては、遠隔ヒーリングを送る際、幼少期の頃の写真を丁寧にめくっていくイメージで○歳、一歳、二歳とゆっくり振り返っていきます。すると氣を感じることがあります。例えば十歳で反応するとか、十一歳くらいで強い氣を感じるとか、ああ、この頃が一番寂しくて孤独で愛情を求めていたんだな、などと幼い時の記憶が溢れ出てきます。そこで、レイキを流します。インナーチャイルドという言葉を聞いたことがある方もいるかもしれませんが、幼少期の深いトラウマを今の自分が癒してあげるのです。

未来の不安は、今を生きることと、過去を癒すことでだいたいクリアになっていきます。基本は、今、自分がどうあるかです。日々、自己浄化をすることができれば、過去も未来も癒すことができるのです。

実は、レイキ療法を行っていると、遠隔ヒーリングが一番需要が多いのです。私の友人が癌になったので遠隔ヒーリングをお願いします、というふうに頼まれるケースがすごくたくさんあります。もちろん、効果は人それぞれです。

**遠隔ヒーリングは、例えるなら祈りのようなもの**です。元気でいてください、愛していますよ、健康でいてくださいね、という想いです。「癌よ消えろ！」とか、「病気を治すぞー」とかそういうことではなく、病気の人がちょっとでも苦しみが和らいで楽になってくれればいいな、という優しい祈りの波動です。それをあえて遠隔ヒーリングという形で臼井式レイキでは行っているのです。

基本的に中級講座で勉強するシンボルは三つです。私の講座では、シンボルやマントラのエネルギーの違いを実際に体感していただけるよう指導を行っていますが、ほとんどの方にエネルギーの違いを感じ取っていただいています。

**第一シンボル・・・目に見えるものに作用するシンボル**
**第二シンボル・・・目に見えないもの、感情、精神に作用するシンボル**
**第三シンボル・・・時空間を超えるために使うシンボル**

このシンボルは口伝で教え授けられたもので、少しずつ形が変わっています。本書では誤解を招かないように形は紹介しません。初級をしっかり学んだ上で、このシンボルをしっかりと説明してくれるところで学ぶのが一番だと思います。

◇上級

## 自分軸をつくり、幸福になる道

上級講座は一般的に、第四シンボルの意味の説明やアチューンメント伝授以外に伝える内容がないに等しいスクールが多く存在しています。それは西洋式レイキの中に「安心立命とは？」というテーマや、安心立命へ至るにはどのような意識でいれば良いのか？　などの指導がないからです。

私は安心立命の思想を探求し、臼井式レイキの醍醐味を実感してからようやく、レイキを指導伝授できるようになったと感じています。上級講座の学び「安心立命とは？」という教えをきちんと理解して、やっとレイキのすべてが把握できるのだと思います。

この講座での基本は、五戒をしっかりと実践し、第四シンボルを学ぶことです。例えば、一つひとつの感情について学んでいきます。

**怒り…過去に捉われていること、固定観念、思い込み、正しさに捉われている時に出やすい**

## 心配…未来に対して意識が捉われていて、地に足がついていない、氣が上に上がっていて今を見ることができていない状態

こうした悪循環スパイラルの仕組みを五戒の教えを通して伝えていきます。

ここで一番大切なのは、**自己認識**です。

自分自身を内観して、自分が何に捉われているかを知る。どんな自分でも否定せずに受け入れることです。悪い感情を否定するとか捨てるとか、封印するのではなく、感情を観察して、何で私はこんなに腹が立つのだろう？　と自分自身を知ることです。そうすれば人は、本当の意味で変わることができます。

自己受容とは、自己認識を通して、等身大の自分自身になるプロセスです。自己実現というのは本当の自分らしい生き方を実現することで、成功者になるという意味合いではありません。

こうしてレイキを通じて内観をしていくと、自分軸ができてきます。それまでは他人軸で人の目を気にして不安定に生きていたのが、いつでもどこでもありのままの自分自身として生き生きと生きていくことができるのです。

## 他人軸→人からどう思われているかが一番大事（他者の評価を意識して生きる）
## 自分軸→自分がどう思っているかが一番大事（他者の評価を意識しないで生きる）

これらで生き方が全然違いますね。自分軸で自分らしく生きることができれば、どんどん自分らしさを表現して生きていけるようになります。

元々、レイキは幸福への道のためにあるものです。

五戒の最初に、「怒るな」「心配すな」とあります。これは怒ったり、心配するのがだめということではなく、自分がどういう状態か見つめ、受け入れていくことだと思います。マイナスの感情に対してジャッジせず、自己批判もしないのがコツです。

私は最初に五戒を読んだ時、怒ったり心配したらだめなんだ、とシンプルに受け取っていました。怒っている自分に対して、自分はまだまだ人間性がだめだとか、心配していたらまだまだいけてない、と思っていました。

ところが教える立場になって、私の中で本当に腑に落ちたのが、怒りや心配の感情が生まれた時に、これは感情に対して内観し、なぜ自分は腹が立っているのだろう？　と気付いていくものなのだな、と発見していったのです。すると不思議なことに、自然と心が静かになっていくのですね。

五戒の最後には、「人に親切に」とあります。これは自己犠牲的に親切にするのではなく、自らが光り輝いて生きていれば、気付けば周りにも光のおすそわけをしている、という状態です。器から溢れ出ているものを人に与えることができる。これが「人に親切にする」ということです。あなた自身が豊かさに満ちていると、与えているつもりではないのに「ありがとう」と言われるようになっていきます。

レイキとは自己認識の道――元の氣に戻り、豊かなエネルギーに触れながら、本当の自分自身を輝かせていく一つの方法論なのです。

## コラム5

レイキについて科学的な視点で書かれた日本語の文献は少ないですが、Dr. Donald AbramsおよびDr. Andrew Weilの著書の邦訳が出版されているので紹介します。メディカル・サイエンス・インターナショナルから出版されている『がんの統合医療』です。

著者である2名の医学博士は、それぞれ医学部や研究所で医学生に対して統合医療を教えたり、研究を行ったりしています。本書では、レイキの効果に関する研究の動向をまとめてあり、レイキによる心拍数や血圧の低下など、副交感神経系の活動性が増加する実証研究などが紹介されています。

私自身、日々の仕事や生活で疲れた時は岩崎さんにレイキを流してもらい、心身のヒーリング効果を体感している毎日ですが、アカデミックな立場に身を置くものとしては、もう少し日本でも本格的な研究が盛んになっていけばと願っています。

日本では、カルト宗教を含む新興宗教の影響で、レイキに対する正しい理解が進んでいないのが現状です。あやしい宗教ではないか、などと抵抗を示す人も多いです。しかし、レイキを含めたエネルギー療法は最近になって日本の看護技術学会で論じられるなど、看護界でも徐々に認知されつつあります。今後、研究活動も盛んになっていくでしょう。岩崎先生のような実践家とともに、我々研究者もレイキの発展に寄与し、人々の健康維持のためのセルフケアに貢献していきたいと願っています。

# 第6章　レイキセラピストになる道

レイキを学び、プロになるためのアドバイス。「ヒビキ」についての解説や、相手を否定しないカウンセリングの方法まで、レイキセラピストになるためのヒントや、その落とし穴について語ります。

## 自分が変わるとお客様も変わる

レイキサロンを開業した当初、私はもちろん、お客様にレイキを流しているつもりでやっていました。その時はまだレイキ師範にはなっておらず、ただのレイキ施術者でした。義理のお母さんを見ていて、こんなふうに人を癒せたらいいな、と思っていたのでそのようなセラピストになりたかったのです。お客様に「どうですか?」と聞きながらやっていると、感じる人は「体が熱くなって気持ちいい」などと言ってくれるので、最初はレイキを上手く流せているつもりでいました。

ある時、精神的にストレスを抱え込んでいる感じの女性が来られて、リピーターになってくれました。施術が終わった後は、「気持ち良かった、ありがとうございました」と言ってくれます。カウンセリングをすると「わかりました、そういうふうに考えるようにします。気をつけます」と礼を言って帰るのですが、また次に来られた時に、同じ悩みを言うのです。つまり、まったく問題が解決しておらず、その人自身、何も変わっていません。これを何度も繰り返しているうちに、「同じことをやっても堂々巡りだな、どうして進化しないんだろう？」と疑問を持ちました。何だか、だんだん自分に腹が立ってきたのです。

マッサージ店なら、肩が痛くなってその場で気持ち良くなり、また痛くなって来られるということは普通です。相手を「お客様」と考えたら、売り上げが上がっていいかもしれません。けれども、私は結果を出したかったのです。根本から良くなってほしかったのに、「同じことを繰り返しているな。なんでこの人変わらないのだろう？　わからないのだろう？」と思った時に、大きな気付きがあったのです。

**「私、レイキを流していない」**

これが第一の気付きでした。

**なぜなら、相手が変わらないことに腹を立てていること自体、「変えてやろう」という思いがどこかにあってやっていたからです。**

レイキというのは完全にレイキのエネルギーにゆだねて、相手の自然治癒力、自己調整力に身を任せることです。レイキ実践者はただ中継するだけで、結果は相手次第。それなのに変わらないことに私自身が腹を立てているのです。私はこのお客様に対して上から目線で、私の力で何とか変えてあげよう、良くしてあげようと思っていたんだ、と気付いた時に、「私、レイキを流していない」とわかったのです。

最初、手を当てている時はリラックスしているのです。けれどもやっていくうちに、深層心理で、根本の自分の軸が「変えてやりたい」と思っていたことに気付いたのです。これに気付いたのがサロンを始めて二年目くらいのことです。

その時にはお客様もまだ少なかったのですが、依存的な方が多かったように感じます。私に良くしてもらいたい、治してもらいたい、という気持ちのお客様です。こちらもそれに応えたい、治してあげたい、良くしてあげたいと思っているからこそ、そういう人を引き寄せていたのです。「治すのは私じゃない、人を依存させて仕事をやっていきたくない」と私は思いました。

そこでチャンネルが変わりました。私はただ淡々とレイキ療法を行い、カウンセリングをするだけで結果は相手の方が勝手に持ち帰り、どうするかはその人次第、という姿勢をつらぬくようになりました。

するると不思議なことに、来店するお客様のタイプが変わっていったのです。自律的に変わっていこう、という人たちが来られるようになったので、やればやるほど変化されていくのがわかるのです。これがレイキヒーラーの本質なんだな、という軸がサロンを始めて二年後くらいにできました。

本当に自分が変わりたいと思っている方が来られると結果も出てきます。結果も出るから紹介も来ます。私は今までホームページもブログも持っていなかったので、ウェブを検索しても見つかりません、と言われていました。その分、本当に波長の合ったお客様だけが口コミで来られるようになりました。

レイキ施術者として五年、その後、レイキ師範として十二年間レイキを伝授してきましたが、今まで培ってきた施術の技術やお客様との接し方を生かしながら、専門的な知識に加えて、レイキもできてカウンセリングもできる――そんなレイキセラピスト育成の道を二〇一六年から切り開きスタートすることができました。

## 師範になってから、高め合い、学び合う

レイキを習いに来られる方の中には、マッサージの施術者や、整体師、看護師さんなどもたくさんいらっしゃいます。そういう仕事に就いたこと自体、「人を治してあげたい、良くしてあげたい」という優しい気持ちがある方が多く、その志はとても尊いものだと思います。ただその思いがある以上は、相手はずっと他力の状態です。薬で治してもらおう、医者に治してもらおう、誰かに治してもらおう、と自律的に回復して自分が良くなろうという意識を持ちづらくなることも事実なのです。だから施術者の意識自体がまず変わっていかないと純粋なレイキは流せない、ということを伝えています。

実は、施術の仕事をしている人の中に、自分自身が病んでいて、重いものを背負っている方も多いのです。癒し人が自分を癒さなくてはいけない、という負のスパイラルに現実社会がなっています。レイキはそれを変えていけるものだと日々実感しています。なぜなら、**相手だけではなく、自分自身が癒されていくのがレイキ療法**だからです。

私は最初にアチューンメントを受けてからレイキ師範になるまで五年くらいかかっています。それまではレイキの伝授をしたことはありません。私の中で、伝授する人は人格者でなく

てはならない、というタブーがあったのです。そこで習いたいという人には、私の師匠に紹介するという形を取って、私自身はあくまで施術者に徹していました。

ところが、どういうわけか「岩崎さんからレイキを習いたい」という人が増えてきたのです。その時、人に必要とされているのであれば、自分がどうこうではなく流れにのって師範になってみようか、という決心がついたのです。

人格者になっていないのに大丈夫なのかしら？　最初はそういうふうに思い込んでいました。けれども、そうじゃないな、と気付いたのです。教えていって、伝授していきながらも、**自分もさらに人格を成長させていって高めていく**ものがレイキなんだ、ということが教え出してから腑に落ちたのです。

## 体から感情を感じる「ヒビキ」の極意

レイキの施術者になりたいという方のために少し専門的なことをお話しすると、臼井式レイキには「**ヒビキ**」という用語があります。

ヒビキというのはレイキを流した時に手で感じる、エネルギーの波動の感覚です。びりびり感じるとか、熱いとか、エネルギーの波形が手の先に感じられるのです。例えば、怒りの感情というのは波形が荒い感じです。

私自身、施術をしていくうちに、相手の身体から葛藤や自信のなさ、不安感、怒り、やる気満々だけど動けないもどかしさ、といった感情のエネルギーのようなものが感じられるようになってきました。最初は熱い、びりびりする、ここはなんか涼しい、という感覚でしかなかったのですが、経験を積むうちに、こういうパターンは肩にくるんだ、こういう感情は胸のあたりに溜まりやすいんだ、とはっきりと感じられるようになっていきました。そして、こつこつと統計を取っていくことで、自分の感覚を客観視できるようになったのです。

ヒビキによって「ここに怒りが溜まっている」と感じることは施術の後のカウンセリングにも役立ちます。

次頁に、体のどの部位にどのような感情が溜まりやすいかの図解を載せましたが、これはあくまで目安ですので、ここにこの感情が出るんだ、と思い込まず、あくまで自身の感覚で感じ取ることを大事にしてください。

施術する側で大切なことは、ヒビキを感じても、**その感情についてジャッジしない**ことです。まずそこにこんな感情があるというのを知ることが大事で、溜まっているからだめとか、

ヒビキの主なテーマ

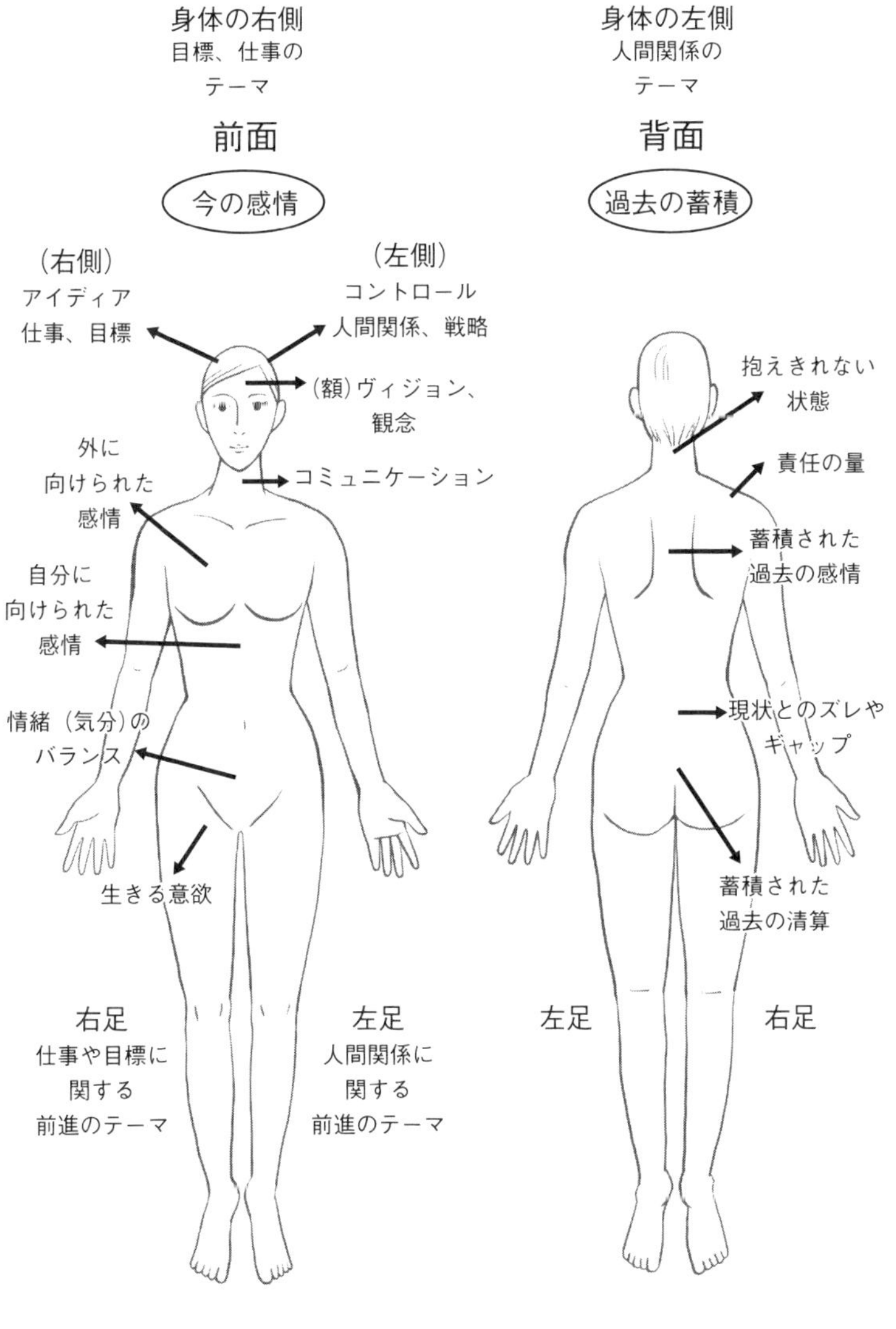
身体の右側
目標、仕事の
テーマ
身体の左側
人間関係の
テーマ
前面
背面
今の感情
過去の蓄積
（右側）
アイディア
仕事、目標
（左側）
コントロール
人間関係、戦略
（額）ヴィジョン、
観念
コミュニケーション
外に
向けられた
感情
自分に
向けられた
感情
情緒（気分）の
バランス
生きる意欲
右足
仕事や目標に
関する
前進のテーマ
左足
人間関係に
関する
前進のテーマ
抱えきれない
状態
責任の量
蓄積された
過去の感情
現状とのズレや
ギャップ
蓄積された
過去の清算
左足
右足

抜かなければならない、ではないということです。

怒りに見えて反骨精神である場合もあるし、それがやる気になっている場合もあります。ですから感情について良い悪いと判断するのではなく、相手の内面を知るための材料としてカウンセリングの段階で生かすというやり方が一番いいと思います。

原点は、どこまでいっても相手の自己調整力です。施術する側が否定するとか、抜くとか、取るとかいうことではないということに注意してください。

ヒビキを感じる感覚はやればやるほど敏感になっていきますが、ジャッジせずに相手の気付きを起こすためのヒントにし、何とか変えてやろう、と思わないことです。結局、相手の感情を批判したり、責めたり、否定して終わってしまうと、パワーチャージに来たのに何の意味もなくなってしまいます。

## どんな人でも肯定から入ってバランスを整える

元の氣＝本来のエネルギーの状態を知って、そこにいつも戻ることがレイキの原点です。その状態を知らせるのがプロのレイキ施術者であり、レイキセラピストであり、レイキを学ぶ人の役割なのです。

例えばレイキの施術をしていて、思い込みやプライドが非常に高い方が来られたとします。それ自体をカウンセリングで指摘しても何の効果もありません。むしろ、火に油を注ぐだけでしょう。こういう方に対しては、

**「日頃、めちゃくちゃがんばってますね」**

**「自分に対する軸を持っていますね」**

こんなふうに、肯定から入ります。ただエネルギーが極端に偏っている場合は、

**「ちょっとがんばり過ぎのところがあるので、もう少しご自身にご褒美を与えたり、ゆるんでいくほうがもっとバランスが取れますよ」**

と、否定はせず視点を変えるヒントを与える表現をします。

何事もバランスです。エネルギーで言うと、男性的エネルギーが強い傾向と女性的エネル

ギーが強い傾向の方がいます。成功願望の強い方は男性エネルギーが強い場合が多いのですが、今は、働いている女性も多いので男性的エネルギーが強い人が多いようです。一方、母となって幼い子供を責任感ではなく、愛情いっぱいに育てている場合は、どちらかといえば女性的エネルギーのほうが強かったりします。自分の中の優先順位がエネルギーとして出るのです。

私もタイプ的にいうとそうですが女性でも子供がなく、仕事をバリバリしているとか、一つの傾向に偏ってしまっている場合は、男性エネルギーが強くなりがちです。攻撃的になりやすかったり、成功依存にはまっていたり、目の前のささいなことに感謝するという感覚になりにくい。だからこそ男性エネルギーが強い時には、女性エネルギーを補ったほうがバランスが取れますよ、というアドバイスをします。例えば異性に恋をするとか、旦那さんに甘えてみたり子供や動物などと触れ合うとか。すると天秤のようにバランスが取れるのです。

逆に女性的エネルギーが強すぎる場合は、仕事とか社会貢献、自己表現などに消極的になりがちです。そういう方には、「とりあえず目の前にある好きなもの、趣味でもなんでもやってみてもいいんじゃない?」と滞っているものを補ったほうがバランスが取れるという方向でアドバイスをします。そのほうが相手にとっても受け入れやすいし、その言葉を持って帰ってもらえるのです。

誰しも否定されたくはないのです。みんな認められたいと思って、必死にがんばって生きています。結果的にバランスが崩れていることがあっても、みんな必死なんですね。それなのに今までがんばってきたことを真っ向から否定されると、エネルギー的に落ちてしまいます。

**プロのレイキ施術者の役割は、自分の思った物差しの通りに相手を変えることではありません。相手の元の氣の状態を高めるお手伝いをするのが原点です。氣の調整をしているのに言葉でエネルギーを下げていたら本末転倒になってしまいます。**

それは自分に対しても同じことです。「私はだめだ」「変わらなくちゃいけない」という足りないところを追求して変えていくのではなく、レイキ施術者は「十分に足りているよ」「今のあなたで別にいいじゃん」「短所があってもそれでいいじゃん」というところからバランスを戻しつつ、進化を促す役割なのです。

**人間はあくまで自然界の生き物――自然体から離れると苦しくなります。その原点にレイキの教えはどんどん気付かせてくれるのです。**

## 相手を認めてあげる声かけのやり方

レイキヒーリングで手当てをしていると、感情が開いて泣き出す人がいます。涙が溢れ出て、溢れ出て、何もしないでもわけもなく涙が溢れ出てくる。これは悲しくて泣いているのではないのです。ある意味、魂がやっと許された、解放された、という安堵感や安心感、幸福感に包まれているのです。私が初めてヒーリングを受けた時もそうだったのですが、〝**許された感**〟があるのです。

自分の中にぎゅーっと縛り付けられていた不自由感とか自己犠牲感があり、肩をぽんぽんと叩かれて、「お疲れさん、今までよくがんばったね」と言われたような感じです。「わかってくれたー、やっとわかってくれたー」という、そんな感覚になる人がたくさんいます。それだけ多くの人の中に、認めてもらえない、愛してもらえない、理解してもらえない、という孤立感が根底深くにあるのですね。それをエネルギーレベルで認めてもらえた、わかってもらえた、と感じるので涙が出るのです。こうした最も深い部分での受容をレイキが感じさせるというのはすごいことだと思います。

**「すごくがんばってこられましたね？」**
**「体ががんばってきたって表現してますよ」**

その時、こんなふうに相手を認めてあげるとすごく救われるのです。

このままじゃだめだよ、変わらなくちゃいけないよ、ではなく、どれだけそのままの相手を受容してあげられるか、そこがポイントです。**ありのままを許してもらえるだけで、人は変わるきっかけになれるのです。**

施術をすると言葉を超えて、受け手のそのまんまが出ます。体は嘘を吐きません。どうやっても隠せないのです。丸裸なのです。施術をしている私自身、人にレイキをしてもらう時はとりつくろうこともないし、いい格好をする必要もなくなります。そのありのままの状態の中で、相手を認めてあげることが大切です。ありのままを受け止めて、理解してあげるだけで人は救われます。その時に初めて、そこから自分を変えてゆくエネルギーも出てくるのです。

ありのままの自分でいられずに苦しんでいる人が非常に多いということは、それだけ生きづらい社会なのかな、と思います。

## どんな素晴らしい教えを説く人でも依存してはいけない

誰でも、現在未来に対する不安があったり、恐れがあったり、支えが欲しかったり——そんなふうに、精神的に不安定になることがありますね。

そんな時に、占いや講演を行っている人、素晴らしいカウンセラーや、セラピストといった人に出会い、「この人ってすごい」と思った瞬間、そこで神様にでも出会ったかのように依存してしまうという問題があります。弱っている時ほど、誰かに依存したくなるものですね。

けれども、どんなに素晴らしい精神論を語る人でも神様ではなく、人間であり、完璧ではないということを頭に入れておいてほしいのです。

伝えていることとやっていることが、必ず一致しているとは限らないということです。伝えていることというのも、自分もそうでありたい、それを目指したい、ということを伝えているケースがほとんどです。

私もレイキをいつも真剣に伝えていますが、自分がすべて完璧だから伝えているかといえばそうではありません。その教えのように生きたいし、理想だからこそ伝えているのです。もちろん体感して気付きが起こり腑に落ちたことを伝えていますが、その体感したものが毎日一生続いているかといったら、そういうわけでもありませんし、日によって調子も違います。悩みがある日もあれば、エネルギーが落ちている日もあるでしょう。

結局、「にんげんだもの」ということなんです。

もちろん、講座や人に伝える時は、私自身の中の最上の部分で伝えていますし、書いたりしています。ところが**多くの人は、その指導者に対して最上のレベルでずっと生きていると思い込んでしまいがちです。**私はレイキの講師をする時にいつもこう言います。

「どんなに素晴らしい本を書いていても、どんなすごいことを言っていても、その人がそれを完璧にできている人格者だとは思わないでくださいね。それも思い込みです。私もそうですよ。絶対にそんなふうに思ってはいけない。でないと勝手にあなたがそう思って、勝手に幻滅して、勝手に裏切られたと思って、自分自身の軸がぶれて、私は次に誰にすがったらいいのとなってしまうから。あくまでもサンプルとして、いいところだけを自分の中に取り込めばいいんです。そうでないと本当に痛い目に遭いますよ」

「こんなすごい占い師やカウンセラーにみてもらった！」とよく言いますね。この人すごい、私のことこんなにわかるんだ——すると「この人の言う通りにすべて従おう」という依存的な考えを持ってしまいがちです。

実は、私には苦い体験があります。離婚してBARを経営していた時、私にタロット占いを教えてくれた女性の先生がいました。その先生は何ともいえないオーラを放っている、ものすごくスピリチュアルな人でした。

当時、私は離婚したばかりの状態でお店をオーナーとしてオープンし、おまけに住宅ローンも抱えており、これから先どうしていいかわからないけれども、なるようになれ、という感じでいました。ただ本当のところは不安で不安で仕方なかったのです。

その頃、内観の修行にもなると思い、このタロットの先生と出会って勉強していたのですが、カリスマ性がすごく強いのですね。この先の展開なども不安なのでタロットで占ってもらい、助言をもらったりもしていました。タロットというのは深層心理なので、不安だったら不安のカードが出ます。そうすると、まだまだあなたはこうだからこういうふうにしなくてはいけない、といろいろ助言されました。家族の間にもいろいろと大変なことがあった時期で、頼りになる存在になったのです。

「私の言うことを聞いていれば間違いない」こんなふうに彼女は言いました。それで私は相手にゆだねてしまったのです。

お店についても、「これから先どうなるんだろう？」と不安を伝えると、「お店のことも私に任せなさい」と言います。

それでどうなったかというと、お店の名称も強引に変更され、あれよあれよという間に、内装をアレンジされて、怪しげな占いの館みたいに変えられてしまいました。

私の中では正直、強い葛藤や不安もありました。ただ相手を信頼していたこともあって、どんどん押し進められて、ノーと言えない状態になっていたのです。

すると私を慕って働いてくれていた友人やお客さんが、私に対してこんなふうに言ったのです。

「自分をしっかり持って。そんな店にしたいの？　それはあなたの意思？」

またバーテンダーのスタッフの一人は、迷っている私を見かねたのか、こんな言葉で励ましてくれました。

「オーナーのこと信頼していますから、僕はオーナーの考えに付いていきます」

彼らの言葉を聞いて、私は揺らぎました。自信のない私――誰かに頼りたいすがりたい私――周りが応援してくれているのにそれに対して背を向けているような私――いろんな私が葛藤していました。それでも、その先生に対して今さら「ノー」と言うことが恐ろしくて言えず、逆らえない意識状態になっていたのです。

その時に、最も信頼していた友人の一人が言いました。

「店をどうせ潰すなら、自分の思うようにやり切って潰せよ。それで潰れたなら本望や。だけど、他人の言われた通りにやってそれで潰れたなら一番お前が後悔するやろ」

その言葉で私はハッとしました。私、もしかしたらおかしくなっていたかも……。

周りもみな反対しています。自分がまさか洗脳されているなんて思いもしなかったのです。

その後、私は先生に勇気を出してこう言いました。

「私はお店を元に戻します。自分がやりたいようにやります。今までありがとうございました。もう一切、このお店に対して関わらないでください」

数日後、先生のほうから「よかれと思ってやったのに申し訳ありませんでした」と書かれた謝罪の手紙が届きました。こうして、私たちの関係は終わったのです。その後、お店は元の状態に戻し、潰れることなく長年続きました。バーテンダーの努力とタロットやパワーストーン心理鑑定などは独自のスタイルで続けた結果、繁盛したのです。

この経験をしたから依存する人の気持ち、そこにはまって抜けられない恐怖も、それを断ち切るには勇気がいることも知っています。霊能者のような人に洗脳されるのが悪い、と世間ではよく言われますが、そうした人たちがどんなに不安で、お先真っ暗で、怖い状態にいるのかというのが私にはものすごくわかるのです。

伝える側も、伝えられる側も、こうした依存関係に陥らないように十分に気をつける必要があると思います。人格者だと慕われていても、自分の内面を常に見ていかないといつの間にか他人を依存させる側になっていることがあるのです。

レイキのエネルギーとは誰かを治そう、治してもらおうという依存関係を促すのではなく、自分の自然治癒力、免疫力を高めるというベクトルです。自然界のエネルギーには身をゆだねますが、個人に身をゆだねると話が違ってきてしまいます。

自然界のエネルギーに共鳴して、そこに波長を合わせて、それをどんどん受け取る。ここに関しては**絶対的他力**です。絶対的自力ではやはり人間は弱い生き物ですから限界があります。この大きなものに対する絶対的他力というのが大事であって、**絶対的他力の対象を人間にしてしまうととても危険だということです。**

私がその占いの先生に依存していた期間は約半年ほどですが、その期間は中身がすごく濃くて、自分よりも力を持っていると思った人に完全依存してしまうとこんなことになってしまうんだ、と学ぶことができました。

その期間、**私はレイキとつながっていませんでした。人生はどんな状況であれ、成功しようが失敗しようが、他人ではなく、全部自分が決めるということが一番大事だということに心底気付けたのです。**

もちろん、その「自分」というのは、我欲だけの自分ではなく、自然や人生の流れの中で生かされているありのままの「本当の自分」ということです。

## レイキセラピストへの道

今、街中には整体のお店や整骨院、マッサージ店が増えていますね。ストレス社会でみな疲れているので需要があるのでしょう。保険が利くから安いということもあり、私も昔はマッサージに通っている時期がありました。もちろん、その時は気持ちいいのです。癒されている人もたくさんいるし、素晴らしい仕事だと思います。ただ、どうしても根本治療にはなりにくいので、繰り返しそこに行かなくてはならないのですね。しばらく経つと元に戻ってしまうのです。

レイキというのは自己治癒力の調整なので、ヒビキを感知し、カウンセリングも行えるプロの施術を受けると、考え方や生き方も含めて気付きが促されます。本人が自己成長していくので、何かしら変化が起こっていくのです。プロのレイキ施術者の技術を取り入れた整体やマッサージがお店として普及していったら、もっとプラスになるんじゃないか、といつの間にか私は考えるようになりました。

例えばメニューの中に「レイキ整体」というものがあったらどんなにいいでしょう？　施術者の人がレイキを流すことができカウンセリングもできると、受ける側の意識の変化も起こりやすく、安心立命への一歩となるでしょう。そういうことができれば世の中がいい意味で循環するのではないか、と考えるようになったのです。

今、日本では、レイキを学んでいる人がどういうふうに活用しているかといったら、自分のためだけであったり、家族、親しい友人に少しやる程度。範囲が狭いのです。上級までしっかり習ったのに家族の人に上手くレイキ療法を説明できなくて、旦那さんに内緒でやっているという方もいます。

レイキを習っているのに秘密のアイテムとしてこっそり使っているのでは意味がありません。これはレイキという名称が誤解されやすい字面（霊氣）をしているからだと感じています。そのために私は「レイキというのはパワースポットのような自然界のエネルギーのことで、誰でもパワースポットになれるんだよ」と最初にこの本で伝えたかったのです。

レイキは人に流してあげることでやっと自分のものになります。インプットではなくアウトプット——周りに流していってこそ、本当に活用できるのです。

初級、中級、上級講座の次に師範になる道があるのですが、師範（レイキティーチャー）にならなくても、レイキ療法のプロの施術者になる道もあります。たくさんの人をレイキで癒して、アドバイスもして、氣の調整のお手伝いもする——つまり、レイキセラピストの道です。

私はこれまでレイキ師範として、またレイキ講師として、レイキの正しい教えを自分なりに探求してきました。そして実感し得たことを初級・中級・上級講座、師範研修といった形ですべて伝えてきました。これからは次のステップとして、より開かれた形でレイキが社会に浸透するために、レイキセラピストの育成に力を注いでいこうと考えています。

口コミ紹介のみで何十年と行ってきた私のセラピストとしての知識と経験を伝えていき、レイキを学ぶ方々がプロのレイキセラピストになり、全国各地に個人サロンを開いていくお手伝いをしたいのです。いずれは学校にある保健室のように、会社や企業の内部にもレイキセラピストがいて、社員の方々の心身をケアするなどということができるのでは、というヴィジョンがあります（そのために、二〇一五年、プロのレイキ技術者の育成に力を注げるよう法人を設立し、元の氣塾という学校をスタートしました）。

レイキが良い人間関係作りや、社会に根付いたメンタルヘルスケアにつながるために、一人でも多くの方にレイキの魅力を知っていただき、プロになる道も開いていければと思います。

あなたのマンションの一室を改造し、副業でレイキサロンをやってもいいのです。あなたが学んだことをどんどんアウトプットする場所をつくっていってみてください。お客様が増え、それを天職だと感じたら本業にしていくのもいいでしょう。

レイキセラピストという形で名乗れる職業が確立できたら、ヒーリングの世界に新しいジャンルが一つ増えると思うのです。レイキセラピストは様々なヒーリングの技法をつなげ、心と体、人と人をつなげる懸け橋のような存在になっていくことでしょう。

街中に「レイキサロン」という看板をどこでも見つけることができる日を夢見ています。

# おわりに

日本には世界各国から多くの外国人が訪れます。そして世界中の人たちが「日本人は素晴らしい」「日本人の考え方や風習を見習おう」とこれまで以上に日本人の精神性の在り方を真似ていく——日本人はそんな存在になっていくだろうと私は感じています。

**物質主義社会から精神主義社会へ**——世界に向けて、そんな時代の代表として日本人が昔から遺伝子的に持つ精神性の高さが評価されていく——私は、そう信じています。

レイキが世界中に広がっているのも、宗教の枠を超え、どんな方でもレイキでつながっていくことができるというところにあるのかもしれません。

私は英語が話せません。しかし何度も海外に日本伝統の教えを軸にしたレイキを伝えに行きました。その中には様々な信仰をお持ちの方も大勢いらっしゃいました。英語が話せなくてもレイキヒーリングを皆で行うと、エネルギーの場が出来上がり、レイキを学んでいる方も学んでいない方も関係なく、言葉の壁を越え、宗教の枠を超え、多くの人が笑顔になり参加者全員がつながっていくのを何度も目の当たりにしてきました。レイキエネルギーってホントに凄い！　としみじみ実感してきました。**そんなレイキ発祥の国が「日本」なのです。**

人間だけではなく、生きとし生けるものが調和して暮らす「**皆の地球を守る**」。そのために**生きるサンプルとなる日本人**でいられるよう高い志を持つ生き方ができたらいいな、と思っています。

以前の私は、人生という階段を未来に向かって必死で登っている感覚で生きていました。

しかし、自然界のエネルギー＝レイキと共鳴し生きるようになってから二十年近く経ち、現在では未来に向かって進んでいるのではなく、未来のほうから必要なタイミングで必要な出来事がベルトコンベヤーの上に載って今という現在に向けてやってくる――そういう感覚に変わりました。

**過去の出来事は、良いことも悪いこともすべて今日に至るためのプロセス**なんだと、私は思います。

**今をのびのびと生き、直感やヒラメキを大切にし、今日やるべきことを淡々と行っていく。**

ただそれだけでいいという感覚で生きています。この感覚で生きることを、日本伝統の教えを軸にしたレイキ法を通じて、多くの方に伝えていくことが私の役割ではないかと感じています。

新しい価値観の伝達は、すべて創造の世界から始まります。この本も今まで言葉で伝えていた形の無いものが、多くの方の協力により、形あるものとしてようやく完成しました。コラムを書いていただいた京都光華女子大学、准教授の中平みわさん始め、編集者の皆様、本当に有り難うございました。

また多くの仲間の皆さんや師範の皆さん、あなた方の存在そのものにたくさん助けられてこれまで来られました。本当に有り難うございました。

そして最後に……この本を手にしてくださったあなたがレイキエネルギーというものに興味を持ち、その根っこにある原理を理解していただけたらこれほど嬉しいことはありません。

日本の新たなる時代の幕開けに、レイキ療法の普及が海外のように定着していくことを心から祈ります。

## 著者プロフィール

### 岩崎 順子（いわさき じゅんこ）

1970年、大阪生まれ。

1998年28歳の頃、臼井式レイキ療法と出会い、レイキ施術を取り入れたヒーリングサロンを開業し立ち上げる。大阪市内にて「ヒーリングサロンHands」を経営。

2000年、これまで研究してきたレイキの教えやタロットリーディング等様々な学びを体系化しパワーストーン心理鑑定・販売、カウンセリング業務を開始。

口コミ紹介によりこれまでに延べ人数15000人以上の方々への心理鑑定・カウンセリングを手掛ける。

2005年、非営利活動法人としてレイキ協会を立ち上げ、副理事長としてレイキ普及活動の役割を担う。

レイキ講師育成や試験制度などのシステムの構築、テキスト及び教材制作を手掛ける。

日本伝統式レイキの正しい教えを国内だけに留まらず海外にも普及する活動を行う。インド、カナダ、香港、韓国と4つの支部を展開。

2015年レイキ協会を退任。

同年6月、新たに法人を設立。

「あなた自身をパワースポットにする学校」をコンセプトにした=元の氣塾=を立ち上げる。

日本式のレイキを正しく伝える普及活動以外に、社会に通用する職業として成り立つようプロのレイキ療法師(セラピスト)の育成及びパワーストーン心理鑑定師養成スクールとして本格的な指導を開始していく。

別の活動としては多くの人々があるがまま・自然回帰した生き方の実現を加速させる為、社会貢献として田舎暮らしを現実化させる取り組みとした自然農法での自給自足実践活動を推奨し、また殺処分となる保護犬のボランティアヒーリング等も積極的に行っている。

セラピスト養成スクール元の氣塾公式ホームページ
http://www.motonoki-reiki.com
公式Facebookページ
http://www.facebook.com/motonoki.Life
セミナールーム
〒534-0016
大阪市都島区友渕町2-6-11
問い合わせ
motonoki.life@gmail.com

# あなた自身がパワースポットになる方法
自然界の高波動＝レイキでエネルギーをチャージする

2015年12月15日　初版第１刷発行
2021年５月20日　初版第３刷発行

著　者　岩崎 順子
発行者　瓜谷 綱延
発行所　株式会社文芸社
〒160-0022　東京都新宿区新宿1－10－1
電話　03-5369-3060（代表）
03-5369-2299（販売）

印刷所　株式会社フクイン



ISBN978-4-286-16420-5